Federação Internacional das
Universidades Católicas (FIUC)

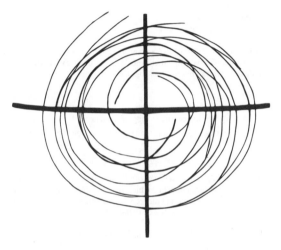

50 anos após o
Concílio Vaticano II

Teólogos do mundo inteiro deliberam

Sob a direção de:
Mathijs LAMBERIGTS
Gilles ROUTHIER
Pedro Rubens FERREIRA OLIVEIRA
Christoph THEOBALD
Dries BOSSCHAERT
(assistente científico do projeto)

Dados Internacionais de Catalogação na Publicação (CIP)
(Câmara Brasileira do Livro, SP, Brasil)

> Cinquenta anos após o Concílio Vaticano II : teólogos do mundo inteiro deliberam / [organização] Federação Internacional das Universidades Católicas ; [tradução Dinorah Gondim Borges]. – 1. ed. – São Paulo : Paulinas, 2017.
>
> Título original: 50 ans après le Concile Vatican II : des théologiens du monde délibèrent.
> Vários colaboradores.
> ISBN: 978-85-356-4267-4
>
> 1. Cristianismo 2. Concílio Vaticano (2. : 1962-1965) - História 3. Documentos oficiais 4. Ecumenismo 5. Igreja Católica - História I. Católicas, Federação Internacional das Universidades.
>
> 17-01073   CDD-262.52

Índice para catálogo sistemático:
1. Concílio Vaticano 2º : História   262.52

1ª edição – 2017
1ª reimpressão – 2017

Título original: *50 ans après le Concile Vatican II : des théologiens du monde délibèrent*
(Obra original publicada também em inglês e espanhol, pela mesma editora)
© Libreria Editrice Vaticana, 2015
ISBN 2-911048-62-8

Direção-geral: Bernadete Boff
Editora responsável: Vera Ivanise Bombonatto
Tradução: Dinorah Gondim Borges, rsa
Revisão técnica: Prof. Fernando Castim (UNICAP)
Copidesque: Cirano Dias Pelin
Coordenação de revisão: Marina Mendonça
Revisão: Ana Cecilia Mari
Gerente de produção: Felício Calegaro Neto
Diagramação: Manuel Rebelato Miramontes
Capa: Cláudio Pastro

Federação Internacional das Universidades Católicas
Presidente: Pedro Rubens Ferreira Oliveira, SJ
Reitor da Universidade Católica de Pernambuco

Nenhuma parte desta obra poderá ser reproduzida ou transmitida por qualquer forma e/ou quaisquer meios (eletrônico ou mecânico, incluindo fotocópia e gravação) ou arquivada em qualquer sistema ou banco de dados sem permissão escrita da Editora. Direitos reservados.

Paulinas
Rua Dona Inácia Uchoa, 62
04110-020 – São Paulo – SP (Brasil)
Tel.: (11) 2125-3500
http://www.paulinas.org.br – editora@paulinas.com.br
Telemarketing e SAC: 0800-7010081
© Pia Sociedade Filhas de São Paulo – São Paulo, 2017

FEDERAÇÃO INTERNACIONAL DAS UNIVERSIDADES CATÓLICAS (FIUC)

Pedro Rubens FERREIRA OLIVEIRA, presidente da FIUC.
Guy-Réal THIVIERGE, secretário-geral da FIUC, diretor do CCR.
Montserrat ALOM, responsável de Projetos do CCR-FIUC.

COMITÊ CIENTÍFICO

Mathijs LAMBERIGTS, reitor da Faculdade de Teologia e de Ciências Religiosas da KU Leuven, Bélgica.

Gilles ROUTHIER, reitor da Faculdade de Teologia e de Ciências Religiosas da Universidade Laval, Québec, Canadá.

Pedro Rubens FERREIRA OLIVEIRA, reitor da Universidade Católica de Pernambuco, Recife, Brasil.

Christoph THEOBALD, professor nas Faculdades Jesuítas de Paris – Centre Sèvres, redator-chefe da revista *Recherches de science religieuse*.

Dries BOSSCHAERT, assistente científico do projeto, doutorando do FWO na Faculdade de Teologia e de Ciências Religiosas da KU Leuven, Bélgica.

COMITÊ DIRETIVO

Valérie LE CHEVALIER, responsável pelo secretariado da revista *Recherches de science religieuse*.

Erwan CHAUTY, doutorando em Teologia, Faculdades Jesuítas de Paris – Centre Sèvres.

Anderson PEDROSO, doutorando em Teologia, Faculdades Jesuítas de Paris – Centre Sèvres.

Francys SILVESTRINI ADÃO, doutorando em Teologia, Faculdades Jesuítas de Paris – Centre Sèvres.

INTRODUÇÃO

MOTIVOS, ESPÍRITO E HISTÓRIA DO PROJETO

Ao aproximar-se o cinquentenário do Concílio Vaticano II, um pequeno grupo de teólogos se reuniu com a convicção de que, para fazer memória desse acontecimento, não era mais possível contentar-se com congressos teológicos de tipo clássico, aliás necessários e muito úteis, e com celebrações eclesiais de ação de graças em nome do Povo de Deus. Não se poderia deixar passar esse "momento" privilegiado da nossa história sem retornar ao próprio *processo de deliberação eclesial*, do qual se conhecem as dimensões excepcionais. Se, naquela ocasião, as universidades e faculdades de Teologia já haviam sido implicadas na vasta pesquisa antepreparatória, os teólogos, biblistas e canonistas encontraram progressivamente seu lugar no seio das comissões conciliares, graças à confiança que os bispos geralmente lhes demonstravam. A redação dos documentos, verdadeiro trabalho de inteligência coletiva, teria sido inconcebível sem as equipes internacionais e pluridisciplinares que eles formavam. Foi nesses "laboratórios" que continuou a tomar forma a renovação da teologia iniciada antes do Vaticano II e levada adiante nos cinquenta anos que se seguiram.

O que foi feito, então, em pouco tempo, não traz em si – como uma utopia – a promessa de um trabalho comum no seio da comunidade científica formada de teólogas e teólogos de horizontes culturais diferentes e pertencendo a diversas "escolas"? Tal trabalho seria, evidentemente, baseado na competência universitária de todos, mas exigiria também – visto tratar-se do futuro da Igreja e das Igrejas num mundo globalizado – capacidade de ponderação ao mesmo tempo comum e pluricultural das questões conjunturais, capacidade impensável sem tempos de verdadeira deliberação. Desde o primeiro encontro do nosso grupo, ficou claro, no entanto, que, se o Concílio Vaticano II foi a expressão suprema da deliberação do *magistério pastoral* da Igreja, um processo de inteligência coletiva entre teólogos, historiadores, biblistas, canonistas e sociólogos, à imagem do que se passou antes e durante os quatro períodos conciliares, era de outra ordem. Mesmo assim, impunha-se colocar a questão urgente do posicionamento específico do *magisterium*, que é o da comunidade teológica na Igreja.

Tomar consciência de que essa promessa era um desejo presente em muitos de nós era já começar a testar pistas de uma eventual realização. Em 11 de dezembro de 2012, nós nos constituímos em Comitê científico e nos colocamos sob o patrocínio da *Federação Internacional das Universidades Católicas*, a FIUC, com sede em Paris e representando uma rede de 215 universidades nos cinco continentes. Antes de retomar brevemente as diferentes etapas do processo de pesquisa internacional, então iniciado, convém reconhecer os inevitáveis ensaios e erros que o acompanharam, sem falar da inquietante questão de saber se a convicção de fundo e o desejo que nos habitava encontrariam eco e seriam partilhados dentro de uma comunidade científica cada vez mais internacionalizada, diversificada e, além disso, sobrecarregada de preocupações locais. À medida que avançávamos, era preciso renovar, a cada etapa, nossa confiança no acerto da proposição; confiança tanto mais necessária quanto tal empresa seria irrealizável sem o apoio que devíamos solicitar junto a patrocinadores.

O projeto passou por três etapas decisivas antes de chegar ao Colóquio de Paris, que, no ano do aniversário do encerramento do Concílio, representou seu fim, talvez provisório e portador de um outro futuro.

1. Durante o primeiro *encontro* do Comitê científico, várias decisões foram tomadas e progressivamente realizadas.

Primeiro, era necessário escolher para esse programa de pesquisa internacional um título que levasse em conta as duas disciplinas maiores implicadas em nosso questionamento, a história e a teologia; daí a formulação, por sinal matizada em fase ulterior: *Vaticano II: acontecimento histórico e problemática para hoje*. Tendo consciência do caráter conflituoso das diferentes fases de recepção do Concílio, tratava-se de verificar se as fraturas se tinham deslocado e, sobretudo, como ultrapassar uma série de falsas oposições e testar honestamente as possibilidades de encontrar, no acontecimento e no *corpus* conciliar, recursos para viver o presente da Igreja em nossas sociedades de hoje.

Tendo definido o título, nós o explicitamos em cinco temáticas:

1) *Designar o tempo presente*
Malgrado não poucas reservas, o Vaticano II se apoia em uma visão relativamente positiva das mutações que marcavam o mundo daquela época. Por isso, antes de mais nada, é preciso considerar as mudanças de contextos (político, econômico, cultural, eclesial) e as mutações de fundo que intervieram desde o Concílio: a que discernimento do "momento presente" somos chamados hoje (GS 4-10)? Com quais consequências para o anúncio da fé e para a edificação da Igreja etc.?

2) *O serviço da teologia hoje*
A contribuição dos teólogos foi um traço característico do Concílio Vaticano II. Cinquenta anos mais tarde, é preciso refletir de novo sobre o papel dos teólogos numa situação que se modificou profundamente. Que transformações o Vaticano II produziu nas faculdades de Teologia, na organização das disciplinas teológicas e no ensino da teologia? Para a fecundidade do serviço da teologia na Igreja e na sociedade, que contribuição e que espaço de criatividade se pode desejar e ter em vista?

3) *O encontro do Evangelho e da Igreja com o mundo e a cultura*
Não obstante debates às vezes bem animados, o Vaticano II chegou a consensos bem amplos. Havia, no Vaticano II, uma visão de fundo compartilhada, e até uma mesma cultura na maioria dos teólogos. Sobre quais avanços contar desde 1965, no que se refere às relações da Igreja Católica com outros componentes, religiosos ou não, de nossas sociedades, em termos de antropologia, de relacionamento com a criação etc.? Sobre qual consenso apoiar-se hoje?

4) *O Vaticano II como "bússola" para a Igreja do século XXI*
Os consensos de fundo, em que pese a diversidade das sensibilidades, parecem ter cedido lugar a divisões quanto à importância a ser atribuída hoje ao Vaticano II e quanto ao seu lugar na história do pensamento e de nossas sociedades. Que importância dar hoje ao Vaticano II e que papel pode ele desempenhar na renovação da Igreja? Como superar uma série de falsas oposições que paralisam a Igreja?

5) *As urgências atuais para a Igreja*
A expressão da doutrina em forma pastoral, a reforma (*renovatio, reformatio*) na Igreja (seu *aggiornamento*) e a unidade dos cristãos eram sentidas como urgências por ocasião do Concílio Vaticano II. João XXIII chegou a inscrever essas realidades entre as finalidades do Concílio. Tais urgências, o que se tornaram hoje? Quais são as urgências de hoje?

Uma terceira decisão do Comitê científico foi, então, determinar o círculo, que aliás permaneceu aberto até o fim do processo, daquelas e daqueles que era necessário solicitar para constituir equipes de pesquisa que elaborassem uma resposta coletiva a uma das cinco questões. Se, num primeiro momento, pensávamos principalmente em pesquisadores interessados diretamente pelo Vaticano II, alargamos, em seguida, o círculo a pensadores para quem o Vaticano II é uma fonte, pressupondo sempre uma cultura de base comum quanto ao conhecimento do Concílio e aos problemas de interpretação que ele coloca. De fato, ficou cada vez mais claro que, para não poucos teólogos e teólogas do hemisfério sul (para falar mais globalmente), o Vaticano II representa o último Concílio euro-atlântico; o que resulta, evidentemente, numa relação diferente com esse acontecimento e com seu *corpus* textual. Entre dezembro de 2013 e agosto de 2014, em torno de duzentas pessoas foram contatadas; dessas, umas cem se agruparam em equipes, cada qual sob a presidência de um responsável designado pelo Comitê científico, e redigiram vinte textos, cada um com quinze páginas mais ou menos, referindo-se a pontos de consenso na equipe, pontos de controvérsia e *quaestiones* a serem aprofundadas.

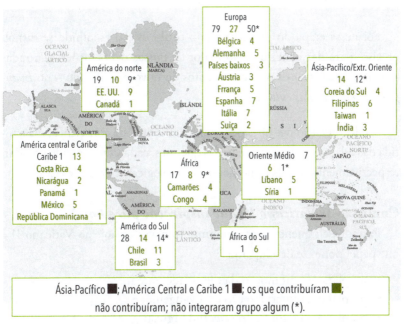

2. Nova fase do processo começou durante o segundo encontro do Comitê científico, em 2 de junho de 2014. O objetivo era a preparação de um pré-Colóquio que se reuniu, nos dias 21 e 22 de outubro de 2014, em Paris, com a dupla tarefa de tomar conhecimento dos vinte textos e de preparar, sobre essa base, o Colóquio de 2015. Por razões orçamentárias e de eficácia, o número dos participantes foi limitado (dez pessoas convidadas, entre os dezenove chefes de equipes internacionais, os três reitores das faculdades de Teologia católicas de Paris e o Comitê científico). Em clima fraterno, marcado desde o começo pela invocação do Espírito Santo, o primeiro dia foi consagrado ao exame dos vinte textos, graças às *relationes* preparadas pelos cinco encarregados de sínteses e aos debates cada vez mais sensíveis às relações transversais entre os textos. O segundo dia teve por objetivo reformular e reordenar as questões e formar cinco novas equipes, agora *intercontinentais*, que, com base nos vinte textos preparatórios e nas discussões em pré-Colóquio, tiveram por tarefa propor cinco textos que forneceram o material do Colóquio final em abril de 2015.

Foi nessa etapa do processo que o título inicial escolhido se tornou preciso, para dar conta do eixo maior de nossas deliberações, centradas – não sem registrar os primeiros efeitos do novo pontificado – no *Evangelho sob o risco das culturas*.

A reformulação das questões é também o sinal da consciência mais nítida das relações transversais entre as questões, cada uma devendo abordar, respectivamente, as três dimensões: antropológica, teológica e eclesial.

Comissão 1: *Vaticano II: que inspiração para hoje?*
Passados cinquenta anos, que importância dar hoje ao Vaticano II e que papel pode ele desempenhar:
- no plano da promoção da dignidade humana;
- no plano da interpretação do Evangelho; e
- no plano da reforma [*renewal*] da Igreja?

Comissão 2: *Designar o momento presente*
Malgrado não poucas reservas, o Vaticano II se apoia em uma visão relativamente positiva das mutações que marcavam o mundo naquela época. Atualmente, temos plena consciência da mudança de contexto (político, econômico, cultural, eclesial) e das mutações de fundo

ocorridas desde o Concílio. A que discernimento do "momento presente" somos chamados hoje (GS 4-11):

- no plano antropológico;
- no plano teológico (relação com o Evangelho); e
- no plano eclesiológico (consequências para o anúncio da fé e para a edificação da Igreja)?

Comissão 3: *O encontro do Evangelho e da Igreja com o mundo e as culturas*

A experiência missionária da Igreja durante os séculos XIX e XX conduziu o Vaticano II a reposicionar a nota da catolicidade (ecumenicidade) da Igreja, que, doravante, habita todas as culturas, autorizando-a a inscrever o Evangelho na pluralidade das culturas do mundo. Como, nessa nova situação, pensar ao mesmo tempo a diversidade e a unidade:

- no plano antropológico (a unidade da família humana, a diversidade dos povos e das nações, os sem-voz);
- no plano teológico (as diversas expressões doutrinais, teológicas, catequéticas, litúrgicas, e modos de vida e a unidade da Igreja); e
- no plano eclesiológico (a diversidade das formas eclesiais, as interações entre as comunidades, e as formas de governo da Igreja que podem proteger as diversidades e promover a unidade)?

Comissão 4: *Trabalhar na construção de uma cultura de paz*

Num mundo marcado pela Guerra Fria, pela descolonização e pelas divisões confessionais, o Vaticano II provocou, na sua época, certos avanços, encorajando a reconciliação e a paz. Por causa das mutações atuais da violência, a que a Igreja está convocada hoje:

- no plano antropológico (relação com a criação, rejeição dos pobres, dos emigrantes e dos marginalizados);
- no plano teológico (a reinterpretação do Evangelho e das Escrituras – no contexto de diálogo ecumênico e de encontro entre religiões); e
- no plano eclesial (o exercício do poder na Igreja)?

Comissão 5: *O serviço da teologia hoje*

A contribuição dos teólogos foi um traço característico do Concílio Vaticano II, uma vez que o Concílio podia apoiar-se em instituições fortes (universidades católicas, faculdades de Teologia e ordens religiosas). Cinquenta anos mais tarde, a teologia se encontra numa situação de fragilidade e de contestação. Para que o serviço da teologia na Igreja e na sociedade se torne fecundo, como se deve praticar a teologia hoje, por quais sujeitos e em quais instituições:

- no plano antropológico (qual é o seu lugar na cultura, dentro da sociedade, na universidade e no seio das ciências);
- no plano teológico (na sua responsabilidade em relação à Palavra de Deus e à vida espiritual das comunidades cristãs); e
- no plano eclesial (em sua relação com o magistério)?

3. A terceira etapa esteve sob a responsabilidade das cinco comissões preparatórias intercontinentais que redigiram os cinco textos propostos ao Colóquio. Seu trabalho se apoiou nos vinte textos preparados durante o pré-Colóquio. Sendo, pois, ao mesmo tempo, o resultado das deliberações preparatórias, os cinco textos propostos ao final do Colóquio trazem, evidentemente, a marca das comissões que os redigiram com grande cuidado.

O Comitê científico se reuniu pela terceira vez em Paris em 2 de março de 2015: ele integrou as poucas emendas chegadas depois da publicação dos cinco textos no *site* da FIUC, propôs aos presidentes das cinco comissões suas próprias emendas e designou, para cada texto, um segundo *relator*, cuja característica principal era não ter participado no processo, precisamente para dar lugar, de imediato, a um olhar externo para os textos propostos. O Comitê redigiu igualmente esse texto, ocasião para dar conta dos motivos, do espírito e da história do projeto, e preparou também o esquema de uma declaração final, cuja redação caberia a uma Comissão do Colóquio. Sem a direção atenta de Dries

Bosschaert, de Montserrat Alom Bartroli, responsável pelos Projetos do Centro de Coordenação de Pesquisa na FIUC, e de Valérie Le Chevalier, esta terceira fase e a realização efetiva do Colóquio não poderiam ter acontecido.

Que podemos esperar desse encontro "provisoriamente final"? Foi a questão que nos colocamos logo no início do Colóquio. Estávamos todos reconhecidos pelo trabalho imenso que fora realizado, em particular pelas primeiras equipes e pelas cinco comissões, mas, sem dúvida, também conscientes dos limites dos nossos textos, de eventuais erros no controle dos ponteiros dentro do Comitê científico e dos desacordos de fundo que não deixariam de se manifestar. Quando um encontro como este começa, nada está garantido, nenhum jogo está decidido – o Concílio Vaticano II nos terá ensinado; foi-nos preciso, pois, uma vez mais, renovar a nossa confiança no acerto de nossas convicções e da proposição feita, não sem lembrar a velha "certa regra" que um de nossos concílios antigos atribuiu às Escrituras neotestamentárias, estipulando que, "quando questões a serem decididas pelas duas partes são colocadas durante discussões comuns (*in communibus disceptationibus*), a luz da verdade expulsa as trevas da mentira" (ALBERIGO, Giuseppe [dir.]. *Les conciles oecuméniques*. Paris: Le Cerf, 1994. t. II/1: "Les Décrets. Nicée I à Latran IV", 242s.).

De 13 a 15 de abril, desenrolou-se o Colóquio *Vaticano II: Acontecimento histórico e problemática para hoje. O Evangelho sob o risco das culturas*. Uns cem participantes de mais de 25 nacionalidades se reuniram na casa da Conferência dos Bispos da França, em Paris. O Colóquio se compunha de quatro grandes blocos. Depois da abertura e da palavra de acolhimento, por Pedro Rubens Ferreira Oliveira, presidente da FIUC, uma primeira sessão introdutória, presidida por Mathijs Lamberigts, foi consagrada à fala inaugural: "Vaticano II, problemática histórica e teológica". Christoph Theobald deu uma explicação da origem e do espírito do projeto e lembrou o processo da sua realização. Depois, Gilles Routhier apresentou os objetivos do Colóquio, seu desenrolar e as dinâmicas de trabalho. A sessão, encerrada pelo Mons. Guy-Réal Thivierge, secretário-geral da FIUC e diretor do CCR, terminou com a apresentação dos 35 membros das diferentes comissões.

A segunda sessão foi centrada nos textos preparados antes do Colóquio: depois da apresentação dos textos pelos cinco presidentes das comissões, cinco replicadores – Pierangelo Sequeri, Maria Clara Bingemer, José Tolentino Mendonça, Albert Mundele Ngeng e Andrés Torres Queiruga – reagiram aos textos. Seguiu-se o debate em assembleia plenária, como em todas as sessões, em inglês, francês e espanhol, graças ao serviço de intérpretes. As reações aos textos feitas durante a sessão foram, em seguida, consideradas pelas comissões iniciais, às quais se haviam juntado outros participantes do Colóquio, conforme a preferência de cada um. Durante essa terceira sessão, um imenso trabalho coletivo foi realizado nas comissões, enquanto uma comissão suplementar, cujos membros representavam a diversidade dos participantes no Colóquio (intergeracional, internacional...), começava a escrever uma declaração final. Uma vez revistos, todos os textos foram novamente apresentados à assembleia, no decorrer da última sessão do Colóquio. Os participantes tiveram, então, a oportunidade de se pronunciar nas últimas intervenções, que tratavam igualmente da declaração final e da síntese prospectiva dos trabalhos do colóquio.

As quatro sessões de trabalho e colaboração mútua, organizadas com a assistência de Dries Bosschaert – responsável pelo Comitê científico –, do secretariado da revista *Recherches de science religieuse*, do secretariado de Projetos do CCR-FIUC e de vários doutorandos, foram enriquecidas pelos tempos de liturgia e pelas noites abertas ao público.

O primeiro dia iniciou-se com uma oração em três línguas, organizada por Erwan Chauty, responsável pelas liturgias do Colóquio. Uma liturgia da Palavra, presidida por Sua. Exa. Mons. Georges Pontier, presidente da Conferência dos Bispos da França, inaugurou o segundo dia.

Uma celebração eucarística, presidida por Pedro Rubens, acompanhado de Gilles Routhier, Christoph Theobald e Mathijs Lamberigts (que fez a homilia), marcou o terceiro dia.

As noites abertas ao público, cada vez precedidas de um bufê ajantarado para os participantes no Colóquio, eram organizadas pelas instituições parceiras. No Institut Catholique de Paris-Theologicum (em parceria com o Institut Saint-Serge), a noite foi consagrada ao tema: "Que recursos o Vaticano II oferece hoje para o governo da Igreja e das Igrejas?". No Collège des Bernardins, o tema proposto foi: "A dignidade da pessoa: um valor universal?"; o do Centre Sèvres-Facultés Jésuites de Paris (em parceria com o Institut Protestant de Théologie de Paris) foi: "Trabalhar para uma cultura de paz; os recursos do Vaticano II". Na fase pós-Colóquio, o Comitê científico finalizou os cinco textos, segundo o mandato que lhe foi dado no último dia do Colóquio. Durante três reuniões e em clima de conciliação frequente, eles harmonizaram os textos, levando em conta as observações dos participantes.

Comitê científico

ABREVIATURAS

AA   *Apostolicam Actuositatem*
AG   *Ad Gentes*
DH   *Dignitatis Humanae*
DV   *Dei Verbum*
EG   *Evangelii Gaudium*
EN   *Evangelii Nuntiandi*
GS   *Gaudium et Spes*
LG   *Lumen Gentium*
NA   *Nostra Aetate*
PO   *Presbyterorum Ordinis*
OE   *Orientalium Ecclesiarum*
OT   *Optatam Totius*
SC   *Sacrosanctum Concilium*
UR   *Unitatis Redintegratio*
CTI   Comissão Teológica Internacional
FIUC Federação Internacional das Universidades Católicas

CAPÍTULO 1

VATICANO II: QUE INSPIRAÇÃO PARA HOJE?

> Passados cinquenta anos, que importância dar hoje ao Vaticano II e que papel pode ele desempenhar:
> - no plano da promoção da dignidade humana;
> - no plano da interpretação do Evangelho; e
> - no plano da reforma da Igreja?

Introdução

Para nós, hoje, o Vaticano II se mantém como um acontecimento de alegria e de esperança. Ele inaugurou uma nova etapa na conscientização do caráter mundial da Igreja e de sua relação com o mundo. Como tal, o Concílio modificou profundamente as relações da Igreja Católica com os outros e, graças à sua dimensão ecumênica, permitiu a evolução das relações de grande parte da cristandade com os adeptos de outros caminhos religiosos e com todas as pessoas de boa vontade.

Hoje, o principal desafio para colocar em prática os avanços do Concílio é a realização e a expressão em atos de sua proclamação efetiva que *una enim sunt omnes gentes communitas* (NA 1). Convocado depois da Segunda Guerra Mundial e da *Shoah*, no meio da Guerra Fria e durante o fim do período de colonização europeia, o Concílio conclamou os católicos a buscar valores comuns com os outros crentes e com todas as pessoas de boa vontade, a fim de modelar uma comunidade de respeito e de paz.

Inspirado pela visão do Papa João XXIII, o Concílio atualizou uma visão profética da Igreja, contestando as estruturas dominantes, fazendo

CAPÍTULO 1. Vaticano II: que inspiração para hoje?

apelo à colaboração de todos os homens e de todas as mulheres de boa vontade e exprimindo a solidariedade com os pobres. O Concílio afirmou a dignidade de todas as pessoas e denunciou o antissemitismo, assim como todas as formas de discriminação racial, étnica e religiosa.

No centro das numerosas realizações teológicas do Concílio, há a proclamação do fato de que a obra de Jesus Cristo e do Espírito Santo vai ao encontro do conjunto da família humana, ao mesmo tempo no interior e fora das estruturas da Igreja.

Passados cinquenta anos, o Vaticano II continua a inspirar a vida da Igreja, para além dos quadros que o receberam. A marca do Vaticano II sobre o presente e o futuro da fé não é somente uma evidência e um automatismo; mais que isso, é um dever e uma responsabilidade. Assumir essa responsabilidade significa evitar uma espécie de esclerose ou de esterilidade do Concílio, que faria dele uma bela coleção de textos conservados num museu. Só assim se pode continuar a receber a verdade que está contida nos seus próprios textos e que remete à verdade autorrevelada por Deus em Jesus Cristo.

Perante a grande quantidade de abordagens feitas para o estudo do acontecimento e do *corpus* conciliar, uma convicção prévia se impõe: perspectivas diferentes não se excluem e podem, ao contrário, enriquecer-se mutuamente. Assim, a título de exemplo, pode-se considerar o Vaticano II como o último Concílio europeu ou como o primeiro Concílio mundial, cada um desses dois olhares revelando particularidades do acontecimento conciliar e do seu *corpus* textual. Além desses pressupostos e conclusões, os diferentes pontos de partida e conclusões que, dentro da Igreja, determinam atualmente as abordagens do Vaticano II – seu texto e seu espírito, seus diferentes documentos e seu *corpus*, seu estilo e sua letra, sua pré-história e sua recepção –, refletem a inspiração múltipla que o Concílio continua a ocasionar.

Se, cinquenta anos após o seu encerramento, essa inspiração continua sempre presente e renovada, é, sem dúvida, devido ao fato de o "Novo Pentecostes", que o Papa João XXIII tinha desejado, unir, de maneira indissociável, a vida ("pastoral") e a doutrina da Igreja. Assim, o Concílio ultrapassou uma forma puramente "dogmática" de expressão magisterial que prevaleceu até os anos 1950, como mostra, por exemplo, a encíclica *Humani Generis*. A "pastoralidade", característica do Vaticano II, é mais que o reflexo de um "estilo" inédito na história dos Concílios – uma verdadeira novidade –, que tem tanto mais autoridade quanto resulta de um ato magisterial no processo da Tradição viva. Essa "pastoralidade" também instaurou uma dinâmica contínua do Vaticano II hoje, e uma inspiração cujas múltiplas facetas refletem a riqueza da fé. Tal inspiração é tanto mais atual quanto mais as grandes intuições, agindo no processo conciliar e contidas em seus textos, não se deixam fixar por completo e de uma vez para sempre, mas se realizam e concretizam em interação com as novas situações e perspectivas após o Vaticano II, para além dele e graças a ele.

O cerne dessa inspiração está no relacionamento dinâmico entre a vida e o pensamento cristãos em todos os níveis da vida da Igreja e, como mostra a recepção do acontecimento conciliar pelo movimento ecumênico, fora dos limites da Igreja Católica romana. É instaurando a inter--relação permanente entre vida e pensamento cristão no cerne da "pastoralidade" que o Vaticano II é, ao mesmo tempo, um Concílio situado na história da fé, inspirando o presente da fé e preparando o futuro da fé. Em outras palavras, abrindo sempre de novo perspectivas de futuro, o "estilo" conciliar põe em ação a força profética do Vaticano II.

Todavia, não é o Concílio como tal que está na origem dessa força profética, mas o Evangelho – entronizado todas as manhãs na aula conciliar –, do qual o Concílio testemunha e quer nos tornar capazes de testemunhar. A importância e o papel do Vaticano II são certamente inestimáveis, mas, afinal, secundários se comparados com o fim do Concílio de evangelizar as relações dentro da Igreja comunhão e as relações de cada cristã e de cada cristão, assim como a Igreja, no seu conjunto, o faz em seu contexto respectivo e com outros, fora dele. De fato, a Palavra de Deus, como lembra *Dei Verbum,* testemunha este Deus que se revela a si mesmo e se comunica no Verbo que se encarnou (DV 2,6) e que revela o mistério do homem: "[pois], pela sua encarnação, o Filho de Deus uniu--se de certo modo a cada homem" (GS 22,2) e "[...] o Espírito Santo dá a todos a possibilidade de se associarem ao mistério pascal por um modo só de Deus conhecido" (GS 22,5). Assim, demonstrar o laço estabelecido pelo Criador e a sua criação, tornando presente hoje o Evangelho de Jesus Cristo, é o mesmo que caracterizar o Cristianismo como uma religião da salvação do mundo. Portanto, o Vaticano II quer nos abrir, de um lado, para o mundo e, de outro, para a Revelação.

Esta relacionalidade, que vai da criação à Redenção, está concentrada na cristologia do Vaticano II, colocando, no Espírito, o Cristo no centro da vida e do pensamento cristão: Cristo é "Alfa e Ômega" (GS 45). Dito isso, não se trata de uma cristologia que permaneceria unicamente histórica ou abstrata, mas de uma cristologia da qual as próprias expressões teológicas devem estar em relação com a existência humana em toda a sua concretude e profundidade, e jamais compreendida de maneira abstrata. É desse modo que "só no mistério do Verbo encarnado se esclarece verdadeiramente o mistério do homem" (GS 22). Assim, tudo o que é humano será levado em conta e, numa perspectiva escatológica, assumido. Daí resulta uma tarefa jamais acabada para as cristãs e os cristãos, tarefa que comporta desafios, mas também chances particularmente claras em nossa época pós-colonial, pós-moderna e pós-secular: viver de e a partir dessa "relacionalidade" ao mesmo tempo concreta e universal que Cristo instaurou. Ora, trata-se não de uma definição no sentido clássico do termo, mas de uma delimitação de toda tentativa de querer definir a verdade sempre maior em termos humanos. Por isso, o Concílio Vaticano II nos convida a ultrapassar as fronteiras – sendo essas, segundo o Papa

Francisco, o lugar natural do trabalho das teólogas e dos teólogos a serviço do Evangelho e da humanidade (cf. Carta à Universidade Católica da Argentina de 3 de março de 2015).

A dinâmica da Igreja e a importância do Vaticano II

1. O Vaticano II na vida da Igreja

Sem querer supervalorizá-lo, pode-se dizer que o Concílio Vaticano II conserva, pela pertinência do seu ensinamento e das intuições pastorais das quais é portador, um caráter profético que pede uma nova atualização desse ensinamento e, mais profundamente ainda, uma nova atualização das intuições que o ensinamento desenvolve, à luz dos desafios teológicos e pastorais que a Igreja enfrenta hoje no mundo.

Em primeiro lugar, seu espírito foi o de mostrar a Igreja corresponder, em ato, à sua vocação, reunindo-se em comunhão na atualização (*aggiornamento*) da sua doutrina e da sua vida de fé. Ela se entregou a esse ato perante o mundo inteiro, com a intenção de assumir as provocações da história, buscando na fé novas palavras, adaptadas à sua vocação de melhor se exprimir para melhor fazer-se ouvir. Essa tarefa foi realizada com os instrumentos e os conhecimentos (sobretudo teológicos) que estavam à disposição da Igreja naquele momento. No mundo atual, muitas coisas mudaram, especialmente no que toca à concepção do homem e da sociedade. A importância dada aos indivíduos em nossas sociedades conduz ao distanciamento da fé cristã e do humanismo universal, válido para todos. A própria ideia da "dignidade humana" mudou radicalmente. Nessa perspectiva, a visão da unidade do gênero humano adotada pelo Concílio deve ser considerada como verdadeira profecia. O Concílio estabeleceu um forte laço entre a vocação da Igreja e a busca da unidade e da cooperação dos seres humanos na sociedade. É preciso, agora, alcançar o sentido profundo dessa unidade: não só do ponto de vista metafísico como também do ponto de vista histórico e social. O homem é relação ou nada é: o que isso quer dizer para as relações entre os indivíduos e entre os povos?

Da tomada de consciência do drama da pobreza e das desigualdades individuais e coletivas nasceu no Concílio o grupo da "Igreja dos Pobres". Essa tomada de consciência suscitou uma atitude profética para com o mundo de hoje, ratificada por *Gaudium et Spes*: "As alegrias e as esperanças, as tristezas e as angústias dos homens de hoje, sobretudo dos pobres e de todos aqueles que sofrem, são também as alegrias e as esperanças, as tristezas e as angústias dos discípulos de Cristo, e não há realidade alguma verdadeiramente humana que não encontre eco no seu coração" (GS 1). No fim do Concílio, mais de quinhentos bispos assinaram o Pacto das Catacumbas como sinal de solidariedade com os pobres e engajamento na luta pela justiça.

Sem minimizar a recepção dessa dimensão do Vaticano II em outros continentes e em outros contextos, um olhar para a Igreja da América Latina e do Caribe pode mostrar como Igrejas locais tentaram encarnar o Concílio, abrindo-se ao clamor dos pobres. A opção preferencial pelos pobres, contra a miséria injusta e degradante, era a expressão dessa recepção profética do Concílio. Puebla constatou que as opções de Medellín provocaram perseguições contra a Igreja e também uma nuvem de mártires entre os dirigentes das comunidades, os padres, os religiosos e religiosas e mesmo entre os bispos. As Igrejas locais depressa reconheceram seus mártires, e a Igreja de Roma começou também a reconhecer essas novas formas de santidade ao acolher os processos de beatificação dos mártires Oscar Romero, de El Salvador, Angelelli, bispo de La Rioja, na Argentina, Helder Camara, arcebispo de Olinda e Recife, Proaño, bispo de Riobamba, conhecido no Equador como o "bispo dos índios", Luciano Mendes de Almeida, arcebispo de Mariana, e tantos outros homens e mulheres, leigos e religiosos, anônimos, cujos processos de beatificação jamais serão abertos. Hoje, na América Latina, a resistência à devastação das florestas, às explorações por mineradoras, à apropriação da água por interesses privados, à apropriação da terra e de outros recursos naturais etc. tem provocado ainda novos mártires entre os que se comprometem a favor das populações indígenas e camponesas, da salvaguarda de seus meios de vida e da preservação do meio ambiente.

Inumeráveis iniciativas semelhantes em todos os continentes, as quais não podem ser todas aqui mencionadas, mostram como a Igreja se tornou cada vez mais consciente de sua responsabilidade para com os pobres, mas também das faltas no decorrer da sua história e da sua vida hoje em dia.

Não só o Concílio como também a sua recepção, inseparável do acontecimento conciliar no sentido mais estrito, continuam a marcar profundamente a vida da Igreja contemporânea em suas relações com as outras confissões cristãs, as outras religiões e as sociedades do mundo inteiro. O Vaticano II tornou possíveis novos aprendizados do catolicismo como fenômeno topológico, graças ao qual a Igreja comunica doravante o texto do Evangelho com uma consciência maior de que os contextos mudam através do tempo e do espaço.

No contexto atual, as crises sociopolíticas, muito diferentes segundo as regiões do mundo e, ao mesmo tempo, ligadas entre si devido à globalização, têm tendência a suscitar uma perda de confiança do homem em Deus, mas também em si mesmo. Ora, renovando a linguagem para dizer Deus e para abrir o espírito do homem à bondade de Deus, através da Igreja, o Vaticano II soube mostrar que o Evangelho é uma realidade messiânica que continua a transformar o mundo, apesar das dificuldades que ninguém pode ignorar.

2. Cinquenta anos depois: um significado renovado da história

É preciso entender, de maneira sensível, a distância cronológica que nos separa do Vaticano II. Porque, se na vida de um ser humano cinquenta anos representam um longo período, na vida da Igreja cinquenta anos são pouco tempo. Quaisquer que sejam as periodizações do momento pós-conciliar, que, aliás, variam consideravelmente segundo os contextos continental, regional e local, passa-se a uma nova fase da recepção do Vaticano II. De fato, cada vez mais a vida da Igreja e da sociedade será marcada por gerações que não viveram o Vaticano II. A passagem de uma geração a outra é fato inegável que é preciso entender e esclarecer, até mesmo no âmbito espiritual.

Porque, no fundo, o que está em jogo é a tradição como processo histórico-espiritual realizando-se nos lugares e em momentos concretos; assim, a realização da tradição implica sempre a crítica e a correção de si mesma. Foi precisamente o Vaticano II que valorizou essa visão dinâmica e viva da tradição, a saber, a tradição entendida como fé viva. A Tradição apostólica não se realiza a não ser através das tradições, não se concretiza senão em processos concretos, ainda que diversificados, da transmissão, ligando, assim, as expressões históricas da fé. Dessa maneira, a tradição que dá testemunho do Evangelho e que é permanentemente renovada pelo mesmo Evangelho não é um conjunto de valores ultrapassados ou um conjunto de princípios fixos sem ligação com a fé dos fiéis no hoje de Cristo, mas uma fonte vivificante fundada na Escritura, da qual ela esclarece a compreensão.

Com a tradição é toda a dimensão da história e da historicidade que entra em jogo. O Vaticano II não era somente um Concílio da tradição, era também um Concílio da sua atualização e, portanto, um Concílio da história, pois a tradição não se desenrola fora da história humana, mas dela faz parte, e está intrinsecamente ligada a geografias, lugares e territórios diversos. Por conseguinte, a ligação entre a fé, a história e o espaço materializa o objeto próprio da Igreja, que é anunciar a Boa-Nova a toda a terra e a todas as gerações da terra habitada (Mt 28,19; AG 6). Mas isso deve ser feito em espírito de diálogo e de respeito das identidades das comunidades humanas locais. O Evangelho entra em diálogo com as tradições culturais e religiosas. O diálogo fé e cultura tem, assim, atravessado os séculos e os países para a conversão dos povos, mas em contextos que, ainda que diferentes uns dos outros, têm, todavia, enriquecido a catolicidade da Igreja. O pluralismo teológico que daí resultou não constitui em nada um obstáculo à unidade na fé (LG 5 e 6).

O sentido renovado da história que o Vaticano II tornou possível concerne à herança do passado, da qual as cristãs e os cristãos reconhecem as grandezas e os limites, até mesmo os pecados cometidos em nome do próprio Cristianismo. É, outrossim, a razão pela qual existe certa normatividade da história da fé. Certamente, a ambiguidade de tudo o que é humano torna muito complexo medir o impacto da história, mesmo que seja a história entre Deus e a humanidade. O significado renovado da história diz respeito igualmente ao presente, no sentido de que reconhece a historicidade de toda expressão da fé com suas realizações felizes e, às vezes, infelizes. Finalmente, o sentido renovado da história concerne também ao futuro pelo qual as cristãs e os cristãos têm responsabilidade. Pode-se ler o Vaticano II, com seus acentos evangelizadores, missionários e humanistas, como uma grande abertura a um futuro que não corta as pontes com o passado, o que iria contra o sentido profundo da historicidade tornado possível pelo próprio Concílio, mas, ao contrário, que permite às cristãs e aos cristãos voltarem-se para o futuro, que, numa perspectiva escatológica, é o futuro de Deus para os homens.

Na verdade, nossa época fica, muitas vezes, perplexa diante do mistério do homem e experimenta mais que nunca o silêncio aparente de Deus. Contudo, a perspectiva de futuro aberta pelo Concílio reside antes de tudo numa esperança justificada e fundamentada de que, para além da fraqueza humana, pela qual a história continua marcada, a história entre Deus e a humanidade é, afinal, uma história da salvação. Essa convicção inclui, certamente, a consciência muito viva do fato de que, hoje, menos que em qualquer tempo, um só relato da história não pode apropriar-se da complexidade histórica da existência humana. A própria ideia de uma história da salvação remete às inumeráveis histórias entre Deus e os homens e mulheres de todos os tempos.

3. O conteúdo do *corpus* textual na história

Considerar o Vaticano II em seu caráter histórico vai além do simples *corpus* textual, pois ele está antes relacionado com a vida da Igreja e do mundo deste tempo. Mas é justamente inscrevendo o *corpus* textual num contexto mais amplo que se lhe atribui um valor único. Porquanto é no *corpus* textual que se materializa um estilo formado de uma multidão de espiritualidades, de movimentos e de intuições que não formariam um conjunto sem, precisamente, esse *corpus* textual.

Sem dúvida, durante a recepção conciliar, todos os documentos não suscitaram o mesmo interesse. O que se explica em parte por certa heterogeneidade dos próprios textos, por seu objetivo concreto ou, ainda, pela situação dos receptores. Deu-se conta de que, diante da quantidade considerável dos textos, sua exegese pormenorizada, que é incontornável, deve ser sustentada, até mesmo precedida, por uma reflexão teológica sobre a relação entre o conteúdo e o estilo.

Tal como constatamos no eixo antropológico, há urgência em efetuar uma reelaboração da globalização, motor principal de nivelamento cultural, para que ela esteja em diálogo com as realidades locais. A articulação do global e do local é possível no processo de transformação da tradição e da memória, que não é uma simples lógica de conservação. Isso nos permitirá enraizar-nos na singularidade do povo que funciona como mediação necessária da vida, embora instaurando uma outra relação com múltiplas singularidades. Uma revolução pacífica, que valoriza a cultura local enraizada na memória e reelaborada pela globalização, começa a surgir em muitos lugares.

Mesmo sublinhando o caráter complementar das diferentes interpretações conciliares, e sem poder reduzir o Concílio a isso, noções-chave importantes, tais como o *aggiornamento* ou os sinais dos tempos, podem ser destacadas. Mais exatamente, e através das dimensões expressas por essas noções-chave, o Concílio evoca certo número de relações sob o ângulo teológico. Trata-se, entre outras, de relações entre a Igreja e o mundo, entre Cristo e o ser humano e entre a fé e a história. Outras relações poderiam ser mencionadas. Essa "relacionalidade" ou caráter relacional do próprio *corpus* conciliar remete a hermenêutica conciliar ao seu papel secundário: ela não é um fim em si, mas está a serviço do Evangelho. Foi o que o Concílio quis pôr em evidência.

4. A conciliaridade e o dinamismo da Igreja

O Concílio Vaticano II tomou o que se pode chamar de caminho de reconciliação. Superando uma longa tradição de definir a verdade por oposição e na hostilidade para com outros pontos de vista, ele exprimiu a verdade no respeito por outras religiões e visões do mundo. Se isso inaugurou uma maneira dialogal de buscar a verdade, fez também com que novas questões surgissem e continuem a surgir. Em especial, a teologia das religiões, mas também o diálogo com as ciências naturais, tornou-se, portanto, um incontornável canteiro de obras para toda a Igreja. Além de implicar diferentes questões concretas, isso mostra antes de tudo que Cristo, que é o caminho, a verdade e a vida (Jo 14,6), pode nos fazer avançar com todos os homens e mulheres de boa vontade por um caminho de reconciliação, concretizando o dinamismo da Igreja.

Os desenvolvimentos precedentes mostraram: a Igreja quer estar em marcha na história, par a par com os homens e mulheres de boa vontade. Não é anódino que, graças ao Vaticano II, isso tenha sido notado de maneira particularmente intensa. Desse modo, a conciliaridade da Igreja, da qual o Vaticano II foi uma expressão que não poderia ter sido mais forte, é também um meio privilegiado de não só aceitar, *nolens volens*, uma certa evolução histórica da Igreja como também assumir a responsabilidade que daí vem.

Fica muito bem demonstrado que o Vaticano II não é nem o começo nem o fim: é um momento na história da Igreja em seu caminho para a Jerusalém celeste. Convém, pois, perguntar quais os dinamismos necessários e legítimos para corresponder, hoje, consciente da responsabilidade para com o passado e o futuro, às exigências inerentes à fé.

Graças à sua tomada de consciência no campo da tradição e da história, e atualizando novamente a conciliaridade, o Vaticano II e sua recepção reataram com uma dimensão da Igreja antiga desde a "deliberação de Jerusalém" (At 15). Ao mesmo tempo, revalorizou o *sensus fidei* de todo o Povo de Deus. Com isso, o Vaticano II inscreveu-se no mundo contemporâneo. Concretamente, foi através do Vaticano II que a Igreja se realizou como "Igreja mundial" (Karl Rahner) e é enquanto tal que o mistério da Igreja se realiza em Igrejas locais, "ex quibus et in quibus" existe a Igreja universal (LG 23). Aqui se articula o Mistério da Igreja *una* na *diversidade* das Igrejas locais e entra em jogo a catolicidade da Igreja confessada no Credo. No seio de cada Igreja local, como no plano da comunhão das Igrejas, realiza-se a sinodalidade inerente ao Povo de Deus, em que todos os batizados são corresponsáveis da missão *nesse lugar*, cada um segundo seus carismas e sua condição própria. A conciliaridade e a sinodalidade são, pois, meios privilegiados para exprimir a fé eclesial na história mundial. A memória do acontecimento conciliar enquanto tal, concretizado em seus documentos, lembra-o com força, tanto mais que a recepção do espírito de conciliaridade praticado pelo Vaticano II está longe de ter dado todos os seus frutos em nível espiritual e institucional.

O duplo princípio de conciliaridade e de sinodalidade contribui para a catolicidade da Igreja em nível da historicidade da fé, em suas dimensões diacrônica e sincrônica. Por isso mesmo, ele é – nos diferentes níveis da vida da Igreja – um meio privilegiado para os cristãos assumirem sua parte na história humana.

O Vaticano II, com o Sínodo dos Bispos instituído pelo Papa Paulo VI em 15 de setembro de 1965, previu um quadro para prolongar a reflexão conciliar. Certamente, esse sínodo de tipo primacial já passou por reformas. Mas é chamado a se aperfeiçoar ainda. Permanece uma forma histórica imperfeita para exprimir a conciliaridade fundamental da Igreja. O pontificado do Papa Francisco é particularmente promissor neste domínio.

Graças à conciliaridade novamente dinamizada – e que se exprime igualmente por outras formas de assembleias que engajam a colegialidade episcopal, nos planos continental, regional e nacional –, as Igrejas locais manifestam sua identidade e enriquecem a Igreja inteira pela troca de seus dons. Tais expressões das Igrejas locais na catolicidade da Igreja e sua recepção no plano local caminham juntas com o desenvolvimento de novas teologias, no plano geográfico (teologia africana, latino-americana, asiática etc.) ou no plano temático (teologia feminista, ecoteologia etc.), que enriqueceram a Igreja inteira e suas perspectivas. Ao mesmo tempo que se inscrevem como teologia da Igreja Católica, as diferentes expressões espirituais, pastorais e teológicas dessas novas cristandades valorizam as Igrejas locais e garantem o seu laço com a Igreja universal.

5. O *aggiornamento*

Vê-se que o *aggiornamento* introduzido pelo Vaticano II concerne à fé no seu conjunto. Essa noção concretiza e novamente atualiza tudo o que a historicidade da fé implica. Em vez de se interrogar sobre a necessidade de reformas, é necessário perguntar-se como deixar que se exprimam os dinamismos desencadeados pelo Espírito.

A fim de sustentar e reforçar esse *aggiornamento* permanente, a Igreja deve interrogar-se permanentemente se ela corresponde à sua vocação e como pode melhor chegar a isso.

Subjacente em muitos debates concretos na vida da Igreja, essa questão fundamental é, muitas vezes, colocada através de debates sobre uma questão particular. A título de exemplo, é preciso, certamente, discutir a questão crucial da relação entre continuidade e descontinuidade na vida, no pensamento e na doutrina cristã. Entretanto, a mais completa erudição não poderia responder à complexidade dessa questão se não a integrasse na questão mais importante ainda da missão da Igreja. Por isso, não convém somente colocar uma questão, mas colocá-la de boa maneira.

Assim, mais que as interpretações, até mesmo mais que as querelas linguísticas, históricas e teológicas, a categoria do *aggiornamento* exprime o interesse do Vaticano II pela vida da Igreja e do mundo de hoje: uma permanente interação de nossas situações particulares com a mensagem universal de Jesus Cristo. Isso significa também questionar o próprio conceito de universalidade, doravante mais que nunca, desafiado pelos contextos, pelos modos de vida, de compreensões o mais possível diversas, sendo que essa diversidade é, aliás, percebida como uma riqueza inestimável.

Interpretação e anúncio do Evangelho

6. *Ecclesia audiens*

Uma Igreja que se coloca à escuta do Evangelho, do mundo, de cada cristão, permanece fiel a si mesma convertendo-se à verdade sempre maior do que aquilo que ela compreende e anuncia.

Sem minimizar o papel da fé à qual ele deu um novo impulso, o Vaticano II mostrou, em atos e palavras, a importância do diálogo para a fé cristã. Tal diálogo não pode ser mantido sem escuta, base de toda compreensão mútua. Certamente, mais do que parece à primeira vista, trata-se de um exercício complexo: escutar o outro engaja a capacidade de relativizar o próprio ponto de vista. Foi assim que vários padres conciliares puderam descrever sua experiência conciliar como experiência de conversão. Essa conversão, sublinhada pelo Papa Paulo VI em sua encíclica *Ecclesiam Suam*, em 1964, conduz ao exame de consciência e ao reconhecimento pela Igreja, ao mesmo tempo santa e pecadora, de seus erros, o que tornou possível o pedido de perdão feito pelo Papa João Paulo II em 2000.

Diante das interrogações dolorosas de tantos homens e mulheres que sofrem, a Igreja manifesta sua solidariedade afirmando que ouve os gritos de sofrimento e que está pronta a seguir na oração ao Senhor, a qual irá até fazer suas as palavras do Salmo, que, por sinal, lembram o laço intrínseco com os irmãos e irmãs maiores, os judeus: "Meu Deus, meu Deus, por que me abandonaste?" (Sl 21).

Uma Igreja que se põe à escuta dos sinais dos tempos, das questões que surgem na vida dos homens e das mulheres, reconhece humildemente que não tem respostas a todas as questões. Só Deus pode, em seu amor que ultrapassa toda compreensão humana, revelar a cada ser humano, individualmente, e à humanidade, no seu conjunto, a vida em plenitude que a Igreja quer testemunhar.

7. Os sinais dos tempos...

Trazendo no coração tudo o que é humano, as cristãs e os cristãos respondem a esta iniciativa divina: em Jesus Cristo, Deus se faz plenamente humano. Jesus Cristo, Senhor e Redentor, é em pessoa a "Boa-Nova" da qual os Evangelhos dão testemunho. Em seu seguimento, conceber o Evangelho como relação e a evangelização como relacionalidade demonstra o que se deve entender por interpretação dos "sinais dos tempos" à luz do Evangelho (GS 4).

CAPÍTULO 1. Vaticano II: que inspiração para hoje?

Antes de mais nada, convém identificar a reciprocidade da iniciativa: interpretar os "sinais dos tempos" à luz do Evangelho significa iluminar o Evangelho de maneira nova. Nessa interferência, a relacionalidade fundamental do Evangelho e do mundo se concretiza de maneira diversa, às vezes pela elucidação recíproca, às vezes pela interrupção mútua, às vezes por analogia à pericorese.

Cinquenta anos após o Vaticano II, no mundo atual, a braços com mutações socioculturais muito rápidas, a categoria conciliar central dos "sinais do tempo" ilustra da melhor forma que a historicidade da fé é bem diferente de uma historicização que se contentaria em repetir as interpretações dadas aos "sinais dos tempos" de há cinquenta anos. Ao contrário, o Vaticano II nos incita a nunca diminuir os esforços na compreensão desses "sinais", deste *kairós* onde Deus está presente, uma presença discernida através dos sinais dos tempos, dando por aí mesmo esperança onde a esperança parece ausente. É o caminho para uma atitude sempre mais cristã e sempre mais evangélica em nossa maneira de viver no mundo de hoje. Esta maneira de perceber e de enunciar através de um *modus credendi* ainda e sempre renovado é crucial para a expressão da fé cristã hoje, assim como a da Igreja que a sustenta.

Como um grande número de intuições conciliares, a noção-chave dos "sinais dos tempos" era sujeita a interpretações diversas. Cinquenta anos após o Vaticano II, não se pode senão se alegrar com as mais diversas dinâmicas desencadeadas por essa categoria. Certamente, torna-se ainda maior o desafio de não se dispersar, mas, ao contrário, dar-se conta da união entre os diferentes "sinais dos tempos" e suas interpretações diversas pelos cristãos.

A interpretação dos "sinais dos tempos" não deve ser confundida com uma enumeração de fenômenos julgados positivos ou negativos. A chave hermenêutica por excelência é pôr em relação a Revelação como acontecimento histórico e o mundo contemporâneo – e vice-versa. Nessa relação encontra-se a base de toda a hermenêutica cristã, que, por isso mesmo, é forçosamente dialogal.

Se a interpretação dos "sinais dos tempos" necessita de uma criteriologia, pode-se, de certa forma, comparar suas exigências e desafios aos da hermenêutica conciliar, e até da hermenêutica cristã no seu conjunto. Antes de tudo, conforme o estilo e o conteúdo do Vaticano II, convém não dissociar os fenômenos concretos e sua dimensão geral. De fato, trata-se de uma descrição da realidade, que é, afinal, ponto de encontro entre Deus e o homem. Dessa maneira, permitir-se-á à Igreja continuar a manter aberta, hoje mais que nunca, a porta pela qual Deus passa para encontrar o homem, e vice-versa.

Manifestando, através das alegrias e esperanças, das tristezas e angústias, da tomada de consciência dos pecados e da conversão, a presença do Deus-Criador e Deus-Salvador neste mundo, os "sinais dos tempos" remetem particularmente à dimensão universal da salvação, da qual a fé cristã dá testemunho. Não se trata de uma salvação exclusiva para as cristãs e os cristãos, mas da plenitude divina aberta a todos os seres humanos. Como devemos humildemente reconhecer que não chegamos a compreender a vontade salvífica de Deus para com toda a humanidade, a inter-relação entre "sinais dos tempos" e "Evangelho" nos permite entrar sempre mais profundamente no mistério do amor e da misericórdia divina revelada em Jesus Cristo.

Assim concebidos, os "sinais dos tempos" são uma ocasião de compreender a natureza messiânica e escatológica da fé cristã, que não é puramente interior nem puramente exterior ao mundo. A interpretação dos "sinais dos tempos" à luz do Evangelho, e vice-versa, concretiza a estrutura recíproca e, portanto, dialogal da fé, tal como já é expressa através das relações às quais ela visa, a saber: as relações entre Igreja e mundo, Cristo e homem, fé e historicidade. Para além de questões mais gerais concernindo à hermenêutica e aquém de questões mais pormenorizadas que resultam dos fenômenos concretos, afinal de contas, a interpretação dos "sinais dos tempos" remete à tarefa de uma compreensão cristã do mundo. O Vaticano II colocou a Igreja na pista dessa tarefa e lhe deu meios para assumi-la.

Dito isso, faz parte da tarefa, tal como foi concebida pelo Vaticano II, que o Concílio, mais ainda que dar respostas a nossas questões, permaneça um modelo a ser seguido para se chegar a respostas às interrogações e interpelações sempre novas que não cessam de aparecer na vida e no pensamento humano em todos os níveis.

8. ... à luz do Evangelho

Segundo o Concílio, a própria estrutura da revelação coloca no centro da fé cristã o encontro e o diálogo: a herança do Vaticano II consiste, por isso, numa abordagem dialogal do mundo atual. Assim sendo, faz parte das intuições maiores do Vaticano II que a compreensão cristã do mundo conduza a partir da interpretação dos "sinais dos tempos" à luz do Evangelho, ao mesmo tempo, a uma compreensão sempre renovada do Evangelho. Reciprocamente, o lugar maior concedido à interpretação do Evangelho pode sustentar e inspirar a compreensão cristã do mundo a partir dos "sinais dos tempos".

De fato, graças ao Vaticano II, vem à tona uma consideração especial pelo papel do Evangelho na vida da Igreja. Assim, é bom ver o espaço maior dado aos leitores bíblicos na liturgia da Igreja. Isso contribuiu para favorecer a retomada da leitura espiritual da Escritura, levando a uma sensibilidade crescente pelas questões que envolvem a inspiração e, daí, ao papel do Espírito Santo na vida da Igreja e na história do mundo. Tendo dado seu pleno direito à exegese, o Vaticano II permitiu uma melhor compreensão científica do Evangelho e do conjunto da Bíblia. Evidentemente, isso pôde também suscitar novas questões, como, por exemplo, a do lugar do texto sagrado dos judeus e cristãos entre os textos sagrados das outras religiões e tradições religiosas valorizadas pelo Vaticano II.

Todos esses elementos podem contribuir para que se evite cada vez mais separar a interpretação dos "sinais dos tempos" à luz do Evangelho e o anúncio do mesmo Evangelho. Ao contrário, no elã suscitado pelo Vaticano II, a Igreja pode sempre mais se dar conta de que a interpretação do Evangelho também se faz à luz dos "sinais dos tempos". Por isso, a vida cristã, em atos e em palavras, pode ser considerada como uma interpretação vivida do Evangelho.

A noção de evangelização é, ela mesma, uma noção relacional. Trata-se de viver e pensar à luz do Evangelho as relações humanas, assim como as dinâmicas e os processos que delas resultam. O Vaticano II lembra que viver o seguimento de Jesus significa conceber as relações humanas como evangélicas. Isso se torna particularmente crucial, quando se chega a considerar o Evangelho como uma fonte de consolação espiritual para a humanidade sofredora.

Por isso mesmo, a interpretação do Evangelho torna-se um processo eclesial que se inspira na iniciativa do Vaticano II e que consiste em renunciar a toda tentativa de ler o Evangelho contra uma outra religião. Essa leitura se faz, ao contrário, no respeito aos valores humanos partilhados para além do mundo inspirado pela Bíblia. Os diferentes métodos – exegéticos ou espirituais – da hermenêutica escriturária podem estar na origem de uma geração de vida e de fé. Ao mesmo tempo, o fim último de toda hermenêutica cristã da Escritura implica a relativização sadia de um método particular, sublinhando seu interesse na medida em que cada método pode fazer surgir um outro aspecto da verdade revelada. A integração da hermenêutica escriturária no conjunto da vida da Igreja através da história é, ao mesmo tempo, a consciência permanente da "relacionalidade" do Evangelho: nossa relação com o Evangelho deve sempre ser meio e expressão da relação com Deus. A busca dos critérios adequados permanece uma tarefa sempre inacabada e tanto mais fecunda quanto mais todos os intérpretes da Escritura se deixarem permanentemente interpelar pela luz dos "sinais dos tempos".

Enquanto expressão da fé da Igreja, o Concílio assina uma afirmação central da *Dei Verbum* no número 10: "O Magistério não está acima da Palavra de Deus, mas sim a seu serviço". Com a intenção de compreender mais que nunca, por meio de uma variedade de métodos, sempre sujeitos a um debate necessário e a um exame crítico, o sentido da mensagem bíblica e os horizontes abertos por esse sentido, o Concílio permitiu à Igreja uma descoberta permanente da Palavra de Deus contida na Bíblia, para além de certas questões metodológicas que, enquanto tais, estão ligadas a uma época e a um lugar precisos. Convém, pois, não se referir ao Concílio só para nele encontrar uma hermenêutica escriturária explícita, mas também, e muito mais, para voltar às suas intuições quando se trata de encontrar uma ou várias abordagens adequadas à Escritura, das quais, é bom lembrar, o Vaticano II reconheceu a complexidade. O centro cristológico do Vaticano II reflete-se nas primeiras palavras da constituição *Dei Verbum* – o Verbo de Deus sendo Jesus Cristo. Trata-se, antes de tudo, de se interessar pela relação entre a Revelação e cada ser humano. Todas as hermenêuticas escriturárias não estão senão a serviço dessa questão, que é, finalmente, uma questão de salvação.

Certamente, tal abordagem conciliar levanta questões das quais as cristãs e os cristãos dificilmente chegam a compreender a gravidade. De fato, se a "relacionalidade" instaurada pelo Evangelho enquanto dimensão da salvação está no centro da vida e do pensamento cristão, o Cristianismo deve se interrogar sobre a realidade da própria salvação na história humana para além de um encontro explícito com a mensagem evangélica enquanto tal. Trata-se de compreender a história da humanidade inteira como uma história entre Deus e a humanidade.

Na história entre Deus e a humanidade, e no seguimento de Jesus, que devolveu a dignidade a tantos homens e mulheres do seu tempo, pode-se concluir que um "sinal dos tempos" por excelência é a busca tão laboriosa e tão frágil da dignidade humana.

Promoção da dignidade humana

9. A dignidade humana no centro da relação entre Deus e a humanidade

O Vaticano II sublinhou que "os homens de hoje tornam-se cada vez mais conscientes da dignidade humana" (DH 1). Renovando a ideia-mestra do Vaticano II de que "esta exigência de liberdade na sociedade humana diz respeito principalmente ao que é próprio do espírito, e, antes de mais nada, ao que se refere ao livre exercício da religião na sociedade", nós aprendemos, graças ao Concílio e à sua recepção, que não se pode separar a liberdade em relação aos bens espirituais das outras expressões da existência humana. Promover a dignidade humana diz respeito ao homem na sua totalidade.

Receber hoje o ensino conciliar significa também compreender o papel da religião cristã e, com ela, das outras religiões, na promoção da dignidade humana. Daí decorre a tarefa de considerar as relações entre a Igreja e os Estados, pois as religiões não vivem fora de um contexto institucional e político.

Como faz o Vaticano II, não se pode falar de Deus sem falar do homem. Recuperando a centralidade da encarnação, ele contribuiu, de maneira substancial, para a renovação do discurso sobre Deus (da "teo--logia" no sentido etimológico) e, ao mesmo tempo e ligado a isso, da antropologia cristã (cf. GS 22). Por isso, o Vaticano II explicita como a percepção do ser humano renova a teologia, *sermo de Deo*, no seu conjunto.

CAPÍTULO 1. Vaticano II: que inspiração para hoje?

Seguindo o Vaticano II, a Igreja considera, de algum modo, a dignidade humana como o ponto de partida e a finalidade de toda consideração teológica do ser humano. De fato, na perspectiva da fé cristã, a fonte e o objetivo da dignidade humana estão em Deus. Para o Vaticano II, evocar a relação entre Deus e a humanidade significa, certamente, dar um fundamento teológico à dignidade humana. No mundo atual, tal abordagem não é mais evidente para grande número dos nossos contemporâneos, embora essa intuição fundamental conserve o seu valor teológico. Assim, tal fundamento teológico deve, ao mesmo tempo, ser enraizado na Revelação e articular-se a partir de uma base comum, com todos os homens e mulheres que a Igreja encontra em seu caminho através da história. Contudo, a Igreja reconhece e assume que a dignidade humana é promovida além dos círculos religiosos e, muitas vezes, até sem nenhuma motivação religiosa. Para o Concílio Vaticano II, a promoção da dignidade humana, qualquer que seja a sua motivação, une inevitavelmente os cristãos a todos os homens e mulheres de boa vontade. Levar isso a sério constitui uma das heranças mais decisivas desse concílio pastoral. Tarefa que nunca se acaba.

Ora, é em conjunto com seus contemporâneos que os cristãos trabalham "no mundo deste tempo" pela promoção da dignidade humana. Antes de mais nada, é do respeito, da atenção e da compaixão para com o outro que necessita a promoção da dignidade humana. Ao mesmo tempo, essas atitudes fundamentais devem se traduzir em atos concretos. Para os cristãos, acrescenta-se uma interferência entre ação e contemplação.

No seguimento de Jesus Cristo, a promoção da dignidade humana passa não só por uma atenção particular ao próximo concreto mas também, através do próximo, à humanidade sofredora no seu conjunto. O Papa Francisco, por sua vez, concretiza essa intuição fundamental do Vaticano II incitando a Igreja a ir para a periferia da existência humana. Testemunhando em seu ministério uma atenção misericordiosa a cada indivíduo, o Papa, em sua mensagem para a Quaresma de 2015, lembrou a dimensão mundial dessa exigência, lançando igualmente a todos os cristãos uma mensagem forte e clara: lutar concretamente contra a "globalização da indiferença".

10. A solidariedade da Igreja com o homem em busca de dignidade

Como no momento de sua promulgação, *Gaudium et Spes* convida as Igrejas a exprimirem sem cessar e sem desvio sua solidariedade com o mundo do sofrimento. Primeiro, pela escuta permanente que permitirá tornar audível o grito da dor que vem dessa humanidade sofredora. Promover a dignidade humana significa abrir espaços onde as diversas vozes da humanidade se exprimam e sejam ouvidas. Em seguida, a solidariedade se realiza mobilizando os meios que podem aliviar a humanidade da miséria ou da violência que se tornaram sua realidade cotidiana. Mais concreta e urgentemente, lá onde a dignidade humana está em perigo, convém à Igreja comprometer-se num elã comum engajando a Igreja local e, através dela, a Igreja universal. Certamente, dentro da Igreja universal, os desafios concretos variam. Para as paróquias e comunidades, trata-se de fazer do anúncio da Boa-Nova – leitura bíblica, catequese, liturgia, vida sacramental – o lugar privilegiado onde a solidariedade e a cultura da paz são visíveis.

Em última análise, procurar-se-á tornar mais visível para todos o rosto de Jesus Cristo, a fim de que, na Igreja, todos nos reconheçamos nele e que, em estreita colaboração, nos comprometamos todos a serviço do Evangelho, no respeito ao estatuto próprio de cada ministro (servidor). Esta colaboração, ao mesmo tempo vertical e horizontal, alimentada pela espiritualidade própria da Igreja Católica, não pode ser senão um fator de aproximação com os irmãos separados, e de diálogo com os outros que creem no Deus único, assim como com todas as pessoas que trabalham para o bem comum, para construir juntos uma paz duradoura, apoiada na justiça, sustentada por um movimento de solidariedade internacional.

Num elã de solidariedade, inumeráveis cristãs e cristãos se engajaram e continuam a engajar-se além das fronteiras entre culturas, línguas e religiões. Eles testemunham o amor de Deus, maior que todas as barreiras humanas. Lembram também que a prática da colaboração pode abrir novas perspectivas tanto para a fé cristã como para a fé de outros crentes, e mesmo para a visão do mundo dos não crentes, todos capazes de ensinar algo às cristãs e aos cristãos. Em vez de preconizar este ou aquele modelo de colaboração, convém encorajar uma colaboração que descubra seus próprios meios e possibilidades diante do próximo em busca de dignidade, mas também diante de uma comunhão humana que ultrapasse qualquer fronteira.

Sem dúvida, na orientação do Concílio entra preconizar uma presença bem particular junto à juventude, muitas vezes vitimada e instrumentalizada, principalmente onde o Povo de Deus está em crescimento, como na África e na Ásia. Ao mesmo tempo, e relacionado com isso, não se negligenciará integrar plenamente na vida da Igreja e da sociedade as gerações mais velhas com suas experiências humanas e espirituais, principalmente nas sociedades que envelhecem e que são, contudo, muitas vezes marcadas pelo culto da juventude, mas também nas sociedades onde as pessoas são cada vez mais marginalizadas.

Tornar a Igreja mais apta a gerir as surpresas do Mundo

11. Relacionalidade da Igreja

Como lembrou João XXIII na *Humanae Salutis*, trata-se de tornar a Igreja "mais apta" a realizar a sua missão. Foi o que empreendeu o Vaticano II. É o que se concretiza pela promoção da dignidade humana. É, ainda, o que resulta da relacionalidade profunda instaurada pelo Evangelho. É a salvação como dimensão subjacente da missão da Igreja que mostra particularmente que a Igreja é relacional: ela depende do

Evangelho do qual dá testemunho, vive de Deus que confessa, é enviada aos homens que ama.

Dentro da Igreja-comunhão, as várias dimensões da vida eclesial são marcadas pelos dinamismos múltiplos que resultam dos relacionamentos teológico, antropológico e histórico da Igreja. O Vaticano II põe em evidência que cada uma das dimensões da Igreja não merece apenas uma atenção particular, mas que, sobretudo, todas as dimensões da Igreja estão em relação umas com as outras.

Assim, recorda-se que o Vaticano II descreve a Igreja não só a partir do ministério petrino da unidade, isto é, a partir da Igreja universal, mas também a partir da Eucaristia, isto é, a partir da Igreja local a Eucaristia nos une ao mistério da fé, sendo ao mesmo tempo fonte de transformação permanente. "A Eucaristia faz a Igreja e a Igreja faz a Eucaristia."

Na esteira do Concílio e de sua recepção, precisamos aprofundar a reflexão para que se exprima melhor ainda o *sensus fidei* de *todo* o Povo de Deus, resultado da relação entre Deus e o homem, relação esta alimentada pela Eucaristia. Ora, como lembra *Presbyterorum Ordinis*, cabe aos padres e aos leigos discernir juntos os sinais dos tempos, entre os quais acabamos de lembrar a relação com o Evangelho (PO 9). Daí a necessidade permanente de criar uma relação fecunda entre Evangelho e tempo presente, Eucaristia e comunidade, ministérios e batismo, Igreja e mundo. Para ser fecunda, essa relação não se pode estabelecer em espírito de oposição entre os diferentes componentes.

Nesse contexto, pode-se pensar que o Concílio percebeu apenas as primícias de uma problemática que atinge hoje a vida da humanidade no seu conjunto: a relação entre homens e mulheres. É certamente cedo demais para responder a todas as questões ligadas a esta problemática, da qual é necessário apreender as repercussões na Igreja e na teologia. A tarefa e o desafio que daí decorrem são especialmente importantes.

12. Sacramentalidade e catolicidade da Igreja

O Vaticano II insistiu na dimensão sacramental da Igreja (cf. LG 1 et al.). Se se trata de uma linguagem técnica que corre o risco de ser ainda menos compreendida hoje que na época conciliar, ela exprime, contudo, uma verdade fundamental: a Igreja não é um fim em si. Ensinando que a Igreja é como um "sacramento universal da salvação" (GS 48), o Vaticano II lembrou com força que ela está a serviço de Deus e a serviço do homem. Tudo o que faz e tudo o que é se inscreve no duplo relacionamento com Deus e com o ser humano. É por esse duplo relacionamento que ela aspira à sua catolicidade. O que torna muito mais importante e muito mais complexa a responsabilidade de refletir sobre a vida e sobre a compreensão da Igreja. É óbvio que, para corresponder o mais possível a essa tarefa, a Igreja deve fazer permanentemente um exame de consciência.

A questão da reforma da Igreja se coloca, pois, naturalmente. Porque quem diz reforma diz *re-formatio* e *con-versio*. A reforma é, de alguma maneira, o modo normal da existência da *Ecclesia semper reformanda*, com a condição de que conduza a Igreja ao mesmo tempo ao Evangelho e ao mundo.

A reforma da Igreja é exigida em razão de sua dimensão sacramental, sendo que a Igreja não é um fim em si. Dito isso, a reforma necessita de uma criteriologia teológica. O Vaticano II, em seu conteúdo e em seu estilo, continua sendo uma referência maior para toda reforma atual e futura da Igreja. A reforma da Igreja é, de fato, uma tarefa verdadeiramente "teo-lógica", cujo objetivo é exprimir a relação que Deus estabeleceu com os seres humanos. Ela é, de certa maneira, a expressão processual da natureza sacramental, da qual se acaba de sublinhar o caráter relacional.

Para ser plenamente teológica, a reforma permanente é também plenamente humana. Não se poderia concebê-la de maneira idealizada, abstraindo as fraquezas humanas. Ao contrário, a reforma da Igreja deve assumir as diferentes sensibilidades existentes no seio da Igreja e da humanidade, tentando tornar fecundas as inevitáveis tensões entre os homens.

Quando se fala da Igreja em geral, trata-se sempre de realizações concretas que podem e devem ser reformadas. Assim, como se vê, por exemplo, na história da recepção do Concílio de Trento, a reforma da Igreja empreendida pelo Vaticano II não se interrompe com a cerimônia de encerramento do Concílio em 8 de dezembro de 1965 nem com a promulgação de documentos como o CIC e o CCOE, primordiais com certeza, mas não irreformáveis, segundo sua própria natureza.

A consciência crescente da historicidade da Igreja, pano de fundo da questão da necessidade de uma reforma permanente, mostrou concretamente que, mais de uma vez, a Igreja não esteve à altura da sua vocação. O Vaticano II e suas implicações nos encorajam a reconhecer a fragilidade da Igreja, dos seus representantes e dos seus membros. O Vaticano II nos encoraja a aceitar isso como uma fraqueza humana que faz com que nenhuma realização terrestre da vontade de Deus, mesmo que fosse a Igreja Católica romana na qual "subsiste" a "única Igreja de Cristo" (LG 8), corresponda plenamente à vontade de Deus.

Pôr em evidência, a serviço de Deus e do mundo, a interferência entre o Evangelho e os sinais dos tempos, entre a Revelação e o mundo de hoje, significa converter-se continuamente, guiado pelo Espírito Santo, a Jesus Cristo. Por isso, a reforma permanente da realização concreta do Mistério da Igreja engaja todas as cristãs e todos os cristãos. É convertendo-se que a "única Igreja de Cristo" se afirma sacramento. Nesse sentido, a plenitude da catolicidade não pode realizar-se a não ser no que se poderia chamar "uma catolicidade ecumênica" consciente da necessidade permanente de conversão comum ao Evangelho.

13. A reforma da Igreja como tarefa de todos os batizados

O Batismo une todas as cristãs e todos os cristãos, e é bom que certos acontecimentos, como os encontros entre o bispo de Roma e o patriarca ecumênico de Constantinopla, ou a comemoração da Reforma em 2017, o lembrem sempre de novo.

No seio da Igreja Católica romana, o sacramento da Confirmação constitui igualmente uma base comum para a cooperação de todos – leigos, religiosos, ministros. De fato, os carismas de todos são necessários para que a Igreja possa estar à altura de sua tarefa. É, pois, necessário procurar sempre os meios de fazer com que toda experiência cristã seja frutuosa para o conjunto do Povo de Deus a serviço do mundo.

O Vaticano II traçou o caminho para uma colaboração sempre mais estreita e confiante entre o Papa e os padres, e entre todos os ministros com os leigos a serviço dos quais eles são ordenados. É natural que o dinamismo começado no Vaticano II conduza continuamente à questão de saber em que medida as formas espirituais e institucionais concretas da comunhão correspondem à vocação deles.

A reforma da Igreja, fruto dos dinamismos que acabam de ser evocados e cuja raiz se encontra na relação dialogal entre Deus e o homem manifestada na Revelação, acontece de maneira privilegiada no diálogo que permite a todos os membros do Povo de Deus colocar à disposição de toda a Igreja suas experiências e descobertas quanto ao que diz respeito à relação entre Deus e os homens. É assim que a sinodalidade, que necessita de estruturas adequadas, é, antes de tudo, e através de suas estruturas, uma dimensão predominantemente espiritual.

Em verdade, trata-se de um ideal de equilíbrio, e na história da Igreja encontram-se muitos exemplos de desequilíbrios. Tendo preconizado alguma coisa perfeitamente acertada, pôde-se negligenciar outra não menos acertada. Assim, por exemplo, não se mediu sempre o impacto da apostolicidade da Igreja. Ora, graças ao Vaticano II a Igreja Católica pôde aprofundar a compreensão de sua apostolicidade. Com efeito, os bispos – assistidos por padres e diáconos – são sucessores dos apóstolos (cf. LG 20), mas, para compreender o sentido pleno dessa afirmação, convém remeter à *Apostolicam Actuositatem*, n. 3: "O dever e o direito ao apostolado advêm aos leigos de sua mesma união com Cristo cabeça".

Na hora atual, parece particularmente evidente que a "conspiratio pastorum et fidelium" (John Henry Newman) não pode senão tirar proveito de uma integração mais explícita ainda do *sensus fidei fidelium* no conjunto da Igreja, da compreensão aprofundada que resulta das experiências dos leigos no mundo de hoje. Numa Igreja consciente de sua historicidade deve-se ter consciência de que as formas concretas da *conspiratio* no nível local e universal podem variar através da história e que permanecem sempre sujeitas a uma busca comum da verdade. É assim que a reforma permanente da Igreja aparece mais claramente ainda como uma necessidade advinda do caráter apostólico da Igreja.

Notadamente nas regiões chamadas secularizadas e de velha cristandade, é urgente dar formação a numerosos batizados que só ocasionalmente participam da vida comunitária da Igreja. Suas interrogações, suas questões, suas reservas, mas também suas experiências, suas descobertas e suas perspectivas, podem ser particularmente enriquecedoras para cada Igreja local, bem como para a Igreja no seu conjunto. Trata-se, aqui, do grande desafio de não se resignar a uma "exculturação" do Cristianismo, mas de assumir plenamente a herança cristã em todas as suas formas e com todos os seus resultados e trabalhar também, por esse ângulo, que não é certamente o único, para uma nova "inculturação" da fé.

Quanto à "inculturação", trata-se de um processo recíproco entre a Igreja e a cultura, que se observa, particularmente, nas regiões onde o Cristianismo vive ainda as dinâmicas do começo. Indo mais além, parece promissor dar formação a novos batizados, que são, muitas vezes, convertidos ou originários de famílias cuja herança religiosa os sensibiliza particularmente para a dimensão inter-religiosa da fé cristã.

14. Para a glória de Deus e a salvação do mundo

O relacionamento característico do conteúdo e do estilo do Vaticano II não se limita às fronteiras da Igreja Católica, mas se inscreve numa relacionalidade criativa e salvífica que as ultrapassa. As relações com os cristãos de outras confissões, fundadas no batismo, é parte integral da reforma contínua inerente à natureza da Igreja. Nesse contexto, a noção de "elementa Ecclesiae" (LG 8 e UR 3) provou ser uma abertura conciliar que o diálogo ecumênico, durante a recepção do Vaticano II, pôde captar. Porque, se a eclesialidade não se restringe à Igreja Católica romana, muito menos a relação divino-humana, que está, entretanto, na base da eclesiologia católica.

O fato de estar a serviço da fé em Deus, Criador e Salvador do mundo, faz parte da sacramentalidade da Igreja. Assim, não se pode conceber a Igreja sem colocá-la em relação com a criação e a escatologia. Por isso, a Igreja faz parte da criação cujo fim é a plena realização. Desse modo, ela é convidada a dar glória a Deus Criador e Salvador do mundo que se fez humano entre os humanos.

A vocação da Igreja é, antes de mais nada, ser testemunho da relação entre Deus e sua criação, que orienta, segundo a fé cristã, o conjunto da realidade visível e invisível. Isso inclui confessar que, na hora atual, esta dimensão da fé cristã – o testemunho de uma relacionalidade englobando o conjunto da realidade tão fracionada e contraditória – ultrapassa as respostas que as cristãs e os cristãos de todos os tempos puderam encontrar para as questões pelas quais se exprime tal dimensão.

Desde o Vaticano II, e graças às inciativas conciliares neste sentido, a Igreja teve ocasião de perceber melhor que também as outras religiões têm um lugar no seio desta relacionalidade criadora e salvífica. Na situação presente do seu caminho terrestre, a Igreja-sacramento aprende com humildade e confiança como está inscrita no projeto de salvação de Deus, medindo, ao mesmo tempo, a responsabilidade que lhe cabe por estar convicta de que este projeto lhe é particularmente confiado. Essa responsabilidade inclui dar-se conta de que a reforma permanente da Igreja e o diálogo inter-religioso, dos quais apenas começamos a medir o impacto, estão ligados um ao outro, sem que possamos, humanamente falando, responder a todas as questões inéditas que resultam dessa tomada de consciência.

Em nossa época, é com respeito sempre mais profundo por outros crentes que a Igreja afirma essa convicção, que inclui a vontade firme de buscar com todos os homens e mulheres "de boa vontade" de que modo cristãos de todas as confissões e não cristãos podem corresponder juntos ao convite à salvação de Deus, visto que "os homens constituem todos uma só comunidade; todos têm a mesma origem, pois foi Deus quem fez habitar em toda a terra o gênero humano; têm também todos um só fim último, Deus, que a todos estende a sua providência, seus testemunhos de bondade e seus desígnios de salvação, até que os eleitos se reúnam na Cidade santa, iluminada pela glória de Deus e onde todos os povos caminharão na sua luz" (NA 1).

Conclusão

Cinquenta anos após seu encerramento, o Vaticano II nos fala, e nos fala talvez mais que nunca. Num mundo fragilizado e fragmentado, o testemunho dado pelo Concílio de uma comunhão possível entre Deus e a humanidade permanece uma visão e uma inspiração profética. A bem da verdade, as peripécias conciliares e pós-conciliares previnem contra toda idealização do Concílio, de seus protagonistas ou, ainda, protagonistas de sua recepção. Contudo, numa situação em que a fé cristã é

CAPÍTULO 1. Vaticano II: que inspiração para hoje?

confrontada com as buscas existenciais de um mundo que se procura e se interroga, convém saudar, com toda a responsabilidade que isso implica, a intuição inspirada de João XXIII de convocar um Concílio a fim de deliberar sobre as questões do tempo e preparar, assim, o futuro.

Portanto, afirmar que o Vaticano II é um Concílio profético não é formalidade retórica. Também não quer dizer que o Concílio esteja tomando o lugar do testemunho bíblico-profético, o que é bem o contrário da intenção de João XXIII. Mesmo assim, o Vaticano II é um Concílio profético. Ele abriu perspectivas de futuro para a fé. Permitiu que tais perspectivas permaneçam abertas. Ele nos interpela a nos apropriar dessas perspectivas de futuro. Ele nos incita a testemunhar, através e além das questões concretas que subsistem, que o Evangelho é uma mensagem mais forte que a morte. Daí vem a força performativa da fé cristã que a Igreja se compromete a sustentar.

Este "novo Pentecostes" que deveria ser o Vaticano II nos lembra de que o Espírito Santo age e quer sempre agir no mundo deste tempo. Antes de qualquer outra coisa, convém abrir-se ao Espírito em ação no Concílio, visto que é, afinal de contas, o Espírito Santo. Certamente, aspectos humanos, e humanos demais, continuam a marcar a Igreja e seus membros. Entretanto, o Vaticano II permanece como um convite convincente a se converter sem cessar ao Evangelho e a se abrir ao Espírito Santo prometido pelo Cristo ressuscitado.

Nesse Espírito, e independentemente da distância histórica com todas as suas contingências, o Vaticano II continua como modelo de espiritualidade cristã. Um *habitus* interior que necessita, certamente, de formas exteriores, mas do qual se sabe hoje, melhor que antes, estar a serviço dessa vida espiritual. Um caminho para a plenitude, consciente dos desvios humanos. Uma comunhão de espírito que não nega as diferenças, mas tenta extrair delas a complementaridade. Uma esperança fundada que não fecha os olhos diante das questões e das dúvidas, dos medos e dos temores, mas carrega-os num elã de solidariedade. Uma vida no seguimento de Jesus, que mostrou como o universal se desenrola no concreto e como o concreto abre os corações ao universal.

Cinquenta anos depois, o Vaticano II continua sendo uma referência profética cujo melhor uso permitiria à Igreja ser mais messiânica. A dignidade do ser humano, cuja relação salutar com Deus por Cristo e no Espírito está no centro da fé cristã, lembra sempre de novo a urgência de estar à altura das intuições conciliares. Para lhes ser fiéis, estas devem ser novamente atualizadas à luz dos sinais dos tempos, assim como à luz do Evangelho. Consequentemente, a reforma permanente ou o *aggiornamento* permanente da Igreja se distingue por uma dupla fidelidade ao Evangelho e ao mundo – da criação à Redenção. A dinâmica conciliar continua a transgredir fronteiras convidando ao encontro entre o Evangelho e as necessidades das pessoas (cf. Papa Francisco, carta por ocasião do centenário da Faculdade de Teologia da Universidade Católica da Argentina, 3 de março de 2015). É preciso que cuidemos dessa dinâmica, pois a Igreja tem necessidade de seguir adiante (ibidem). Assim, a Igreja realiza sua vocação cada vez que contribui para a humanização do mundo e dos seres humanos: "Gloria Dei vivens homo, vita hominis visio Dei" (SANTO IRINEU. *Adv. Haer.*, IV, 20,7).

CAPÍTULO 2

DISCERNIR OS SINAIS DOS TEMPOS

> Malgrado não poucas reservas, o Vaticano II se apoia numa visão relativamente positiva das mutações que marcavam o mundo naquela época. Atualmente, temos plena consciência da mudança de contexto (político, econômico, cultural, eclesial) e das mutações de fundo ocorridas desde o Concílio. A que discernimento do "momento presente" somos chamados hoje (GS 4-11):
> - no plano antropológico;
> - no plano teológico (relação com o Evangelho); e
> - no plano eclesiológico (consequências para o anúncio da fé e da edificação da Igreja)?

Introdução

Uma contribuição maior do Vaticano II em relação aos ensinamentos precedentes da Igreja reside na sua vontade de compreender a situação das mulheres e dos homens no mundo contemporâneo. Essa abordagem tomou forma, em particular, na "exposição preliminar" da constituição pastoral *Gaudium et Spes*. Em nenhum dos vinte concílios anteriores a Igreja se impôs a tarefa de "compreender o mundo em que vivemos, suas esperas, suas aspirações e o seu caráter tantas vezes dramático" (GS 4,1).

Certos aspectos do diagnóstico formulado na época – na primeira metade dos anos 1960 – conservam seu valor e adquirem mesmo novo peso e nova pertinência. Por exemplo, quando indica que "a humanidade vive hoje uma nova fase da sua história, na qual profundas e rápidas transformações se estendem progressivamente por toda a terra" (GS 4,2).

Igualmente, quando se faz referência a uma "verdadeira transformação social e cultural que se reflete também na vida religiosa", ou à capacidade do homem de alargar "tão imensamente o seu poder", ou, ainda, a "novas formas de servidão social e psicológica", ou à persistência "de agudos conflitos políticos, sociais, econômicos, raciais e ideológicos", ou ao perigo "de uma guerra que tudo subverta", assim como ao fato de que "uma imensa parte dos habitantes da terra é atormentada pela fome e pela miséria" (GS 4). Houve, por ocasião do Concílio, uma tomada de consciência de que a "mentalidade científica modela a cultura e os modos de pensar de maneira diferente do que no passado", de que a "técnica progrediu tanto que transforma a face da terra" (GS 5), ou de um novo fenômeno, "o aumento das cidades e do número de seus habitantes" (GS 6). Reconheceu-se que muitas mulheres e muitos homens foram "levados por diversos motivos a emigrar" (GS 6). Percebeu-se, igualmente, que a "transformação de mentalidade e de estruturas põe, muitas vezes, em questão os valores recebidos", que "as instituições, as leis e a maneira de pensar e de sentir herdadas do passado nem sempre parecem adaptadas à situação atual" (GS 7). Sublinhou-se que "surgem também grandes discrepâncias entre as raças e os diversos grupos sociais; entre as nações ricas, as menos prósperas e as pobres" (GS 8). A questão do gênero foi levantada igualmente: "as mulheres reivindicam, onde ainda não alcançaram, a paridade de direito e de fato com os homens" (GS 9). Além disso, o Concílio declarou que, "pela primeira vez na história dos homens, todos os povos já têm a convicção de que os bens da cultura podem e devem estender-se efetivamente a todos" (GS 9). É preciso notar que a atenção à realidade como expressão da consciência histórica não é o apanágio exclusivo da *Gaudium et Spes*. O Concílio consignou igualmente o "olhar para o presente" tratando de outros assuntos, como a liturgia (SC), o ecumenismo (UR), a liberdade religiosa (DH), ou as tarefas missionárias da Igreja (AG).

Ao mesmo tempo, deve-se reconhecer que, cinquenta anos depois, a situação das mulheres e dos homens oriundos de diversos meios culturais e geográficos difere largamente daquela da geração dos anos 1960. É igualmente verdadeiro que a própria constituição pastoral manifestava muita consciência em relação à sua dependência do momento histórico no qual havia sido elaborada e tinha sido prevista a necessidade de atualização: "Certamente, perante a imensa variedade de situações e de formas de cultura existentes no mundo, esta proposição de doutrina reveste intencionalmente, em muitos pontos, apenas um caráter genérico; mais ainda: embora formule uma doutrina aceita na Igreja, ainda que, como se trata frequentemente de realidades sujeitas a constante transformação, deve ainda ser continuada e ampliada" (GS 91). Por conseguinte, nossa tarefa, ao comemorar o Jubileu do Vaticano II, é discernir o aspecto essencial que caracteriza a condição humana atual do nosso tempo.

Uma nova relação com a história e uma nova consciência hermenêutica. A atenção do Concílio às condições históricas e socioculturais da época não passa despercebida. A Igreja suscitou uma renovação metodológica que exprimia uma nova forma de compreensão de si mesma e uma nova forma na maneira de pensar a fé. *Gaudium et Spes* representava um salto qualitativo através do qual, aos olhos de seus atores, uma nova sorte de doutrina conciliar era constituída. Isso é confirmado pela lista dos desafios que a assembleia conciliar se impôs a si mesma. Uma das principais dificuldades era esboçar um perfil claro dos destinatários. O texto falaria só aos cristãos, como os documentos conciliares haviam sempre feito na história da Igreja, ou o público seria alargado para abraçar todas as mulheres e todos os homens de boa vontade? Donde a questão: o discurso deve ser organizado seguindo a argumentação racional ou deve recorrer aos argumentos específicos provenientes da revelação bíblica? Dependente da resposta a essa questão havia outro problema pertinente, a saber: a natureza do método a ser aplicado ao desenvolvimento dos diferentes temas: seria indutivo, seguindo uma análise dos fenômenos socio-históricos, ou dedutivo, derivando de um *corpus* doutrinal predefinido? Os debates revelam que os padres conciliares estavam bem conscientes do problema, pois deviam redigir um documento para o qual não havia modelo.

A expressão mais eloquente desse desafio é a discussão em torno da adoção do título, inédito até então, de *Constitutio pastoralis* (Constituição pastoral), no voto que teve lugar em dezembro de 1965. Como os termos "constituição" e "pastoral" foram sempre utilizados separadamente, poderiam agora aparecer juntos? A palavra "constituição" significava uma doutrina no sentido de princípios permanentes. A palavra "pastoral", ao contrário, referia-se à aplicação prática de verdades invariáveis. Como notaram vários autores, o Concílio não só foi confrontado com novas questões – a saber: a situação histórica concreta da humanidade no mundo contemporâneo – como também com o fato de colocar à prova as formas tradicionais da reflexão sobre esses problemas. No discurso inaugural decisivo de João XXIII, em 11 de outubro de 1962, um novo princípio hermenêutico foi utilizado para exprimir a relação entre a fé e a revelação. A unidade intrínseca entre "doutrinal" e "pastoral" representava uma das maiores mudanças na história do ensinamento conciliar e no estatuto da própria teologia. Entretanto, diferentes estudos mostram que tal perspectiva não era evidente para todos os atores e não cobria a totalidade dos documentos do Concílio, nem mesmo a *Gaudium et Spes*. Essa ideia – a história como um *topos* teológico – foi expressa no conceito pastoral de "sinal dos tempos". Cabe à recepção pós-conciliar esclarecer e aprofundar o que está em jogo neste conceito e nesta nova consciência hermenêutica.

À nossa geração compete realizar, de maneira renovada, a tarefa marcada pelo Concílio: formular um diagnóstico do momento presente, discernir os sinais dos tempos e interpretá-los à luz do Evangelho (GS 4.11.44; AG 22; ver capítulo I,8). Três questões se colocam imediatamente: quem discerne os sinais dos tempos? De que tipo de discernimento se trata? E como discernir? Tais questões foram situadas como procedimento do Vaticano II no primeiro capítulo (ver n. 1, 8 e 9). Contentamo-nos, aqui, com breves observações sintéticas.

Quem discerne os sinais dos tempos?

O Espírito de Deus trabalha em todos os corações humanos. Por conseguinte, todas as mulheres e todos os homens são capazes de discernir a presença de Deus nos acontecimentos humanos e de promover a dignidade humana. De modo especial, em razão de suas experiências particulares, as vítimas da violência institucionalizada, os pobres e os sofredores estão à altura de ver, julgar e agir. O Espírito de Jesus ressuscitado oferece ao Povo de Deus a capacidade de discernir os acontecimentos à luz do Evangelho – a cada um em função das qualidades pessoais, dos carismas e dos ministérios. Esse discernimento inspirado pelo Espírito de Cristo exige uma atenção preferencial aos pobres e aos sem-voz. Indo mais além, ele habilita os pobres e os sem-voz ao reconhecer seus papéis e suas responsabilidades enquanto agentes morais que contribuem para a transformação das estruturas injustas de maneira profética.

Que tipo de discernimento?

Devemos distinguir os acontecimentos históricos ou as aspirações universais a partir das quais identificamos os "sinais dos tempos". A interpretação dos "sinais dos tempos" não deveria ser confundida com o estabelecimento de uma lista de situações positivas ou negativas. A chave hermenêutica é a relação entre a Revelação e o mundo de hoje (ver texto 1). O discernimento apreende a realidade contemporânea e visa a reconhecer a presença e a ação de Deus na história humana, na vida da humanidade e do Povo de Deus – especialmente onde a presença e a ação de Deus são inesperadas. Em razão da história da salvação, do mistério da Encarnação e da presença do Espírito Santo na vida do povo e na história da humanidade, o discernimento é informado por toda a tradição cristã e suas tradições; e é modelado pelas experiências concretas de pessoas no mundo de hoje.

Como discernir?

O discernimento é orientado por critérios inspirados no Evangelho. Segundo a tradição cristã, os critérios de discernimento concernem à realização pessoal e social, assim como à promoção da justiça social e do bem comum. Esses critérios de discernimento devem ser articulados nos contextos e situações específicos. Outros critérios específicos serão necessários. Os documentos conciliares, bem como o Concílio enquanto processo eclesial conduzido pelo Espírito Santo, dão testemunho da confiança na capacidade humana de articular critérios de discernimento específicos para levantar novos desafios e encarar os problemas de hoje e de amanhã. O discernimento não é um fim em si, mas visa a informar as escolhas, os modos de vida e a práxis. O discernimento permite a avaliação crítica das dinâmicas sociais e eclesiais injustas.

Discernimos os sinais dos tempos concentrando-nos nas realidades que determinam as condições das mulheres e dos homens do nosso tempo em seus diversos lugares geográficos e culturais. Parecem particularmente significativos os seguintes sinais dos tempos:

1. O meio ambiente.
2. A justiça social.
3. A violência.
4. A urbanização e a migração em massa.
5. A emergência de "novos" sujeitos.
6. A individualização e a cultura de massa.
7. A virtualização e a digitalização.
8. Uma profunda transformação religiosa.
9. A restauração da unidade dos cristãos.

1. O meio ambiente

Pela primeira vez, o gênero humano está ameaçado por motivos ecológicos. Isso constitui um apelo em favor de uma abordagem totalmente nova diante da criação e dos sistemas ecológicos por parte dos organismos políticos e das comunidades de fé. É absolutamente necessária uma colaboração nova e mais intensa entre os Estados, os movimentos sociais e as comunidades de fé.

Embora não tivesse ainda medido o tamanho da crise ecológica que hoje enfrentamos, o Vaticano II reconheceu a chegada de nova era do desenvolvimento humano caracterizada pela consciência da capacidade de modelar a cultura e a história (GS 55) e pela tomada de consciência da interdependência de toda a criação. Desde esse tempo, graças ao crescimento dos conhecimentos científicos e ao progresso tecnológico, a percepção da dominação humana aumentou. Os progressos na compreensão do mundo e do meio ambiente nos tornaram mais lúcidos a respeito da nossa condição de seres finitos, criados, totalmente dependentes dos recursos limitados do mundo criado para a nossa sobrevivência e o nosso bem-estar. Os novos meios de produção conduziram a modelos de desenvolvimento humano não duráveis e à exploração descontrolada dos recursos limitados do planeta. Na perseguição dos objetivos a curto prazo, a agricultura industrial e o desenvolvimento dos recursos contribuíram para a desertificação das terras cultiváveis, para a contaminação global do clima e para a poluição do ar que respiramos. A destruição cega do meio ambiente natural provocou o colapso da biodiversidade e uma exterminação sem precedentes de espécies.

Na atual conjuntura, a fé em Deus criador nos convida a procurar ativamente a relação apropriada da humanidade com toda a criação. Isso requer uma compreensão mais profunda, não da "dominação" do mundo criado, mas da nossa comunhão com a criação, como seres interdependentes e criados. A solidariedade com as gerações futuras nos obriga a promover modos de vida mais duráveis, um respeito maior pela integridade da criação e novos modelos de justiça social e ecológica.

2. A justiça social

A vida socioeconômica, com o casamento e a família, a cultura e a política, é um dos quatro domínios da vida que, na tentativa de ler os sinais dos tempos e de interpretá-los à luz do Evangelho, os padres conciliares escolheram para se concentrar na constituição pastoral sobre "a Igreja no mundo de hoje" (*Gaudium et Spes*). Nunca antes, apesar das preocupações sociais de certos Padres da Igreja, apesar dos esforços proféticos de pessoas como Bartolomeu de Las Casas e dos documentos vanguardistas como *Rerum Novarum*, *Quadragesimo Anno*, *Populorum Progressio* etc., a Igreja Católica tinha integrado, de maneira tão deliberada e tão desprovida de ambiguidades, a fé cristã e a justiça social numa visão comum. Os princípios segundo os quais todas as mulheres e todos os homens são criados à imagem de Deus (GS 12), por isso são fundamentalmente iguais (GS 29), que todos os empreendimentos humanos deveriam promover o bem comum (GS 26) e que os bens da terra são destinados a todos (GS 69) não perderam sua pertinência desde que foram expostos na *Gaudium et Spes*. Os padres conciliares anotaram, com inquietação, a distância entre o fato de que "nunca o gênero humano teve ao seu dispor tão grande abundância de riquezas, possibilidades e poderio econômico" e o de que "uma imensa parte dos habitantes da terra é atormentada pela fome e pela miséria" (GS 4). Infelizmente, o mesmo diagnóstico pode ser feito cinquenta anos mais tarde.

O mundo mudou consideravelmente desde que a *Gaudium et Spes* foi escrita. Ele perdeu seu caráter bipolar, com as antigas potências coloniais constituindo os países desenvolvidos de um lado e os países outrora colonizados formando o mundo em desenvolvimento do outro. As economias emergentes, como as da China, da Índia e do Brasil, estão alcançando as potências ocidentais e poderiam um dia ultrapassá-las. O Oriente Médio é também uma força com a qual é preciso contar. Globalmente, o fenômeno da fome recuou, malgrado o fato de a população mundial ter dobrado. Mas ainda existem vastas zonas de pobreza, não só na África subsaariana, onde o desenvolvimento socioeconômico ocupa o último lugar, como também às margens das sociedades ricas ou meio ricas.

Uma característica essencial do começo do século XXI é a distância crescente entre ricos e pobres. No mundo todo, a injustiça sistemática é alimentada pela busca desenfreada do lucro. Ao justificar o *statu quo*, as teorias econômicas se tornaram hegemônicas. Segundo estudo publicado pela organização não governamental Oxfam, a parte da riqueza mundial detida por 1% dos mais ricos passou de 44% em 2009 a 48% em 2014. Em 2016, está previsto que 1% dos mais ricos deterá mais de 50% da riqueza do mundo. Os lucros das sociedades bancárias responsáveis pela crise financeira de 2007 e 2008, cujas causas estão ligadas ao que foi descrito como derrocada ética, reagiram depois de um afluxo maciço de fundos públicos, mas o resto da economia continua sofrendo as consequências da crise. A distância entre ricos e pobres não é um fenômeno próprio dos países ricos. Ela afeta igualmente, de maneira escandalosa, países menos ricos onde pequenas elites ligadas aos partidos do poder monopolizam os recursos públicos em benefício próprio, ignorando as necessidades dos pobres à sua porta.

A corrupção, seja direta, seja sob a forma de conluio entre fornecedores de serviços e representantes do governo pela atribuição ilegal das ofertas, é um dos maiores desafios de justiça do nosso tempo. Ela contribui para o enriquecimento de alguns em detrimento do maior número. Entrava o desenvolvimento e perpetua a pobreza. Como beneficia inúmeros decididores, entre eles o setor das mídias, ela é insuficientemente denunciada. Os grupos da sociedade civil, até mesmo as Igrejas cristãs, estão bem posicionados para corrigir essa situação. Cinquenta anos após o Vaticano II, a corrupção deveria ser considerada como um dos principais sinais dos tempos.

Outro fenômeno inquietante é a persistência do desemprego. Por falta de formação adequada e por não estarem ligados a pessoas de influência, numerosos cidadãos, em particular os jovens, enfrentam a perspectiva de desemprego crônico. Mal alojados e condenados a uma vida de instabilidade, eles não podem casar-se e fundar uma família. O desmantelamento progressivo do sistema de bem-estar social a serviço dos pobres nos países ocidentais desde a Segunda Guerra Mundial e as medidas de austeridade impostas pelas instituições financeiras às economias com problemas de liquidez em numerosas partes do mundo tornam os desempregados mais vulneráveis à pobreza e à insegurança. Essas evoluções têm efeito negativo sobre a dignidade humana. Se quiserem ser fiéis ao espírito do Evangelho e ao Concílio Vaticano II, os cristãos deveriam passar mais tempo estudando essas evoluções e lutar por mudanças imediatas e estruturais.

3. A violência

A violência é a utilização intencional da força contra si mesmo, contra outra pessoa ou grupo, produzindo lesões, morte, danos psicológicos ou privação. Sem comportar uma dimensão estrutural, o termo "violência" está presente na *Gaudium et Spes* (GS 19, 30; 27, 22; 78, 40; 78, 48; 83, 13; 83, 16; 92, 46) e dela só apresenta alguns aspectos.

Cinquenta anos mais tarde, fala-se mais da violência nas mídias e na literatura, e o termo é entendido num sentido mais amplo com a tônica, entre outras, sobre a violência interpessoal, a violência doméstica, o sexismo e a violência sexual. É difícil dizer se há mais violência no mundo atual do que no tempo do Concílio, porque, naquela época, o fenômeno era em grande parte ocultado e minimizado. Há, certamente, maior sensibilização à violência hoje.

3. A violência

Em certas partes do mundo, a guerra – não a violência em si – recuou, mas ainda existe, embora, muitas vezes, sob formas diferentes. Desde o fim da Guerra Fria, os conflitos que fazem o maior número de vítimas não são mais as guerras entre nações, mas guerras civis, notadamente na África, mas também no Sudeste da Ásia, no Oriente Médio, na América Central e, em duas ocasiões, na Europa. Mercenários, militares agindo sem ordens, e bandidos armados causam um mal maior que os exércitos convencionais. Nos últimos anos, grupos armados descentralizados como Al-Qaeda, Boko Haram e o chamado Estado Islâmico comandam uma nova forma de guerra contra alvos militares e civis inocentes sob o pretexto da religião. As minorias religiosas, inclusive as minorias cristãs, são perseguidas. Apesar do "nunca mais" proclamado depois do Holocausto, o espectro do genocídio apareceu de novo no Camboja e em Ruanda.

Mas a guerra está longe de ser a única forma de violência em nossas sociedades. Os crimes violentos geram mais perdas de vidas nos países em paz do que as guerras jamais causaram. O acesso fácil às armas, com ou sem licença, custa numerosas vidas, em particular entre os pobres e os jovens. Estima-se que, no mundo inteiro, acontecem anualmente 250 mil homicídios entre os jovens, principalmente nas zonas desfavorecidas. Nocivas demais são ainda a violência doméstica, endêmica em certas sociedades, o sexismo e a violência sexual, principalmente contra mulheres e crianças, com suas sequelas e cicatrizes profundas no psiquismo das vítimas para o resto da vida. A violência nas estradas ceifa igualmente numerosas vidas, em particular nos países em desenvolvimento. Outras formas de violência são a violência simbólica, a ciberviolência e a "violência sistêmica", muitas vezes fruto de injustiça social e econômica.

Se a persistência e, possivelmente, o agravamento desses tipos de violência são um sinal dos tempos, sua denúncia por um número crescente de movimentos da sociedade civil – alguns deles inspirados na fé cristã – é igualmente típica da nossa época. A violência é um motivo de preocupação para a consciência cristã. Utilizar meios violentos contra o próximo para satisfazer necessidades materiais, sociais ou sexuais equivale à reivindicação de um poder que não nos pertence. Assim como não possuímos nosso corpo, também não possuímos o corpo dos outros. A vida só a Deus pertence. Toda forma de agressão contra outra pessoa é um ataque contra sua dignidade, e vai francamente contra o que Jesus pregou e fez durante seu ministério na Palestina: "Felizes os que promovem a paz, pois serão chamados filhos de Deus" (Mt 5,9); "Eu vos deixo a paz; eu vos dou a minha paz" (Jo 14,27).

Temos, igualmente, consciência da violência dentro da Igreja. Em seu seio, todas as formas de abuso de poder, em particular a pedofilia, cujo alvo são os mais fracos, devem ser combatidas com vigor. Os cristãos, nas suas próprias Igrejas, de maneira ecumênica ou com pessoas de outras religiões, são chamados a lutar contra a violência de três maneiras. A primeira é prevenir a violência pela educação e atacar suas raízes políticas, socioeconômicas, culturais e psicológicas. Todo apoio indireto à violência, mesmo por amor à religião, deve ser considerado como um ataque contra o próprio Jesus. A segunda é atenuar os efeitos da violência sobre os indivíduos, as famílias, as comunidades e as nações através de cuidados, de apoio e dos programas de cura. Os grupos de apoio às vítimas da violência deveriam ser encorajados. A paz deveria ser a marca de todas as comunidades cristãs. Uma terceira maneira seria mudar o nosso modelo de justiça. A violência não diminuirá se a nossa justiça continuar sendo punitiva. Em numerosas regiões do mundo grupos de cidadãos atingidos fazem a promoção da justiça reparadora colocando-a em prática. A paz e a harmonia vão se desenvolver se o perdão e a reconciliação transcenderem as fronteiras das regras jurídicas, se uma ética da compaixão e da justiça substituir a lógica da vingança e da retribuição simétrica e se todos os membros da sociedade, até mesmo aqueles que transgridem as regras sociais, obtiverem não o que merecem, mas aquilo de que têm necessidade.

4. Migração em massa e urbanização

Por razões econômicas, de instabilidade política, de violência, de catástrofes climáticas ou outras, assistimos hoje a muito amplas migrações em massa. O que se passa nas fronteiras entre a África e a Europa é revelador.

Ainda mais, assistimos à urbanização em grande escala. O mundo do Concílio Vaticano II era ainda em grande parte agrário. A Igreja Católica tinha suas raízes no mundo rural e nas pequenas aglomerações urbanas com estruturas familiares tradicionais. Desde então, as coisas mudaram. Mais de 50% da população mundial vive hoje nas cidades, sobretudo nas megalópoles do chamado Terceiro Mundo. Cidades como Lagos, Tóquio, Buenos Aires, São Paulo, México e Manila, para nomear somente algumas onde a população é em grande parte católica, evidenciam bem a situação contemporânea.

Muitas dessas cidades são caracterizadas pelos movimentos de migração em massa, dos quais alguns provêm de zonas rurais, ou de outros países. Os recém-chegados são amiúde estrangeiros à cultura e à identidade tradicional dessas cidades, assim como à sua religião, e ficam à procura de novas redes sociais e culturais. Figuras simbólicas importantes para essas pessoas poderiam ser os membros das ordens religiosas cujo ministério é centrado nas pessoas desarraigadas e marginalizadas. Por não disporem de laços familiares e pessoais, esses religiosos simbolizam um novo tipo de "família" baseada na amizade. Outras figuras simbólicas poderiam ser as mães e os pais de família que, nessas novas condições, conseguiram manter uma certa estabilidade social, cultural e religiosa.

As recentes avaliações da atividade das principais Igrejas nessas megalópoles mostram que elas cederam boa parte do terreno aos movimentos evangélicos. Nas partes das cidades que não são integradas nas estruturas paroquiais tradicionais, as Igrejas deveriam organizar pequenas redes sociais, culturais e religiosas (chamadas comunidades de base), as quais poderiam oferecer lugares onde os migrantes pudessem exprimir suas experiências e partilhar o que vivem. Há um grande desafio para a teologia e a pastoral. Em conformidade com a opção preferencial pelos pobres, as Igrejas deveriam tentar retomar as propriedades urbanas criando ambientes de vida social partilhada. Com seus recursos locais e simbólicos, as Igrejas podem dar uma grande contribuição a esse esforço.

5. A emergência de "novos" sujeitos

O Papa João XXIII reconheceu que a Igreja e a humanidade estavam no limiar de uma nova fase da história humana. Esse tema foi retomado pela *Gaudium et Spes* (GS 4), que descreve a característica principal da nova fase da história como uma consciência decorrente da capacidade crescente dos seres humanos de agir enquanto atores da história (GS 20, 30, 55), com a capacidade criativa e tecnológica de modelar, ao mesmo tempo, a estrutura das sociedades humanas e o mundo natural.

Cinquenta anos depois do encerramento do Concílio Vaticano II, estamos vivamente conscientes da ambivalência dessa capacidade, enquanto somos testemunhas dos efeitos destruidores da atividade humana irresponsável sobre o meio ambiente e da extrema desigualdade entre ricos e pobres, causados pelos sistemas econômicos descontrolados que servem aos interesses a curto prazo de alguns em detrimento da maioria da comunidade humana.

Nos progressos e recuos da história humana, João XXIII viu um motivo para a esperança cristã e um convite a assumir nossa responsabilidade de trabalhar por um mundo mais afinado com a ordem divina – um mundo de justiça, de paz e de dignidade para todos. Nesse espírito de discernimento dos "sinais dos tempos" (Mt 16,1-4), em que Deus já está criando uma nova humanidade, sublinhamos a emergência dos seguintes "atores":

Os povos autóctones

Em diversos contextos através do mundo (por exemplo, no Canadá, na Austrália e na América Latina), os fiéis se tornaram mais profundamente conscientes dos graves danos provocados pela cumplicidade do povo cristão com os projetos sociais visando à assimilação forçada dos povos autóctones pela perda de suas terras tradicionais e supressão de suas línguas, culturas e tradições religiosas. A atividade missionária de outrora muitas vezes confundiu o Reino de Deus com as normas de uma cultura única e os objetivos do imperialismo colonial.

O Papa João Paulo II reconheceu os pecados de nossos antepassados, que, às vezes, "atentaram contra os direitos dos povos e de grupos étnicos, e mostraram desprezo pelas suas culturas e por suas tradições religiosas" (Liturgia de arrependimento do Jubileu do Ano 2000). Enquanto membros do Povo de Deus, sofremos com todos os atentados à dignidade humana e à cultura dos povos autóctones, que mancharam a história humana e a do Cristianismo. Pelo diálogo e pela busca da verdade e da reconciliação, aprendemos a apreciar a sabedoria e o caráter evangélico de numerosos valores presentes nas tradições culturais e espirituais autóctones. Entristecemo-nos porque o laço entre os povos autóctones e suas terras tradicionais continuam a ser ameaçados pelos interesses econômicos e políticos. Lamentamos que as populações autóctones continuem marginalizadas nas sociedades do mundo que se diz "desenvolvido" e que essas pessoas estejam entre os pobres, os sem-teto, os encarcerados e as vítimas da violência e do suicídio. Ainda não desenraizamos as causas dessa injustiça sistêmica na Igreja e na sociedade.

O decreto do Vaticano II sobre a atividade missionária da Igreja, *Ad Gentes*, passou de um modelo da missão como simples "implantação" da Igreja (esta linguagem aparece em AG 6, 10, 15-16, 18-19) a um paradigma de "diálogo fraterno" (AG 11, 12, 16, 34, 41), que deve caracterizar todos os esforços de evangelização. Juntos com as comunidades autóctones e seus dirigentes, devemos apreciar e integrar os costumes dos povos autóctones na vida litúrgica e na prática pastoral das Igrejas locais. Reconhecemos a necessidade de uma inculturação maior e mais deliberada que seja constitutiva da nossa vida eclesial, uma inculturação informada por uma reflexão e um discernimento teológico mais profundos. A inculturação integral do Evangelho exigido pela Encarnação depende da nossa capacidade de desenvolver e de sustentar a prática do diálogo com as culturas e as tradições religiosas autóctones. Como o Concílio indicou (AG 6, 23, 41), o objetivo é reforçar as Igrejas autóctones.

As mulheres

Entre os sinais dos tempos enumerados por João XXIII em sua encíclica *Pacem in Terris* encontra-se a crescente conscientização da dignidade igual das mulheres e dos homens: "Cada vez mais consciente de sua dignidade humana, a mulher não admite mais ser considerada como um instrumento; ela exige ser tratada como pessoa tanto no lar como na vida pública". O Concílio deplorou todas as formas de desigualdade e de discriminação das mulheres, até mesmo a de não lhes permitir um acesso igual à educação, assim como a negação da liberdade fundamental de escolher seu estado de vida, e mesmo a escolha do cônjuge (GS 29). Ainda que progressos significativos em termos de relações entre os sexos tenham sido realizados em várias regiões do mundo, numerosas mulheres continuam à espera do reconhecimento de seus direitos mais fundamentais. Entre os sinais mais preocupantes dessa desigualdade, sublinhamos a persistência da violência conjugal, o problema crescente do tráfico de seres humanos e a utilização sistemática da violência sexual em conflitos armados.

O Concílio Vaticano II abriu para as mulheres a possibilidade de estudar a teologia (AA 32) e de se dedicar a ministérios eclesiais oficialmente hierarquizados (LG 33). A crítica feminista da Bíblia e uma teologia feminista construtiva nos ajudaram a compreender como as abordagens não críticas ao estudo da Revelação podem conduzir a tradições e a

5. A emergência de "novos" sujeitos

teologias inautênticas que servem para circunscrever o papel das mulheres e excluí-las de certas perspectivas. Hoje as mulheres desempenham um papel essencial na vida pastoral da Igreja. Em numerosas regiões, elas representam a maioria dos ministros eclesiais leigos, servindo nas paróquias e nas instâncias diocesanas como catequistas, educadoras, canonistas e administradoras. Mulheres competentes pertencem à comunidade dos teólogos, onde elas trazem importantes contribuições ao estudo das Escrituras, à reflexão teológica a serviço da Igreja e de sua missão, assim como à formação teológica e pastoral daqueles que se preparam para os ministérios ordenados ou exercidos por leigos. Apesar disso, a contribuição das mulheres não é sempre reconhecida e valorizada. A necessidade de uma contribuição maior das mulheres no seio dos órgãos de decisão na Igreja e na sociedade é hoje largamente admitida. A plena participação das mulheres é imperativa não só para honrar os princípios fundamentais dos direitos humanos como também para que a Igreja reflita mais fielmente o plano de Deus de uma verdadeira comunhão das mulheres e dos homens no mundo.

Os jovens

O Concílio reconheceu brevemente a situação dos jovens no mundo contemporâneo: "Os jovens exercem na sociedade de hoje um influxo da maior importância. As condições em que vivem, os hábitos mentais e até as relações com a própria família estão profundamente mudadas" (AA 12). Eles aparecem também brevemente em GS 7: o Concílio reconheceu os problemas e as questões dos jovens, mas ele não compreendia ainda a problemática estrutural subjacente. Depois, a Terceira Conferência geral do Episcopado Latino-Americano, realizada em Puebla em 1979, deu uma grande atenção à vida dos jovens, assim como a seu papel, suas responsabilidades e sua contribuição.

A situação dos jovens é cada vez mais considerada como um problema maior na época atual. Nenhuma sociedade desenvolveu um culto da juventude tão forte como a sociedade ocidental, mas ao mesmo tempo os jovens não são suficientemente reconhecidos. Muitos deles são incapazes de contribuir para a sociedade e não desempenham nenhum papel na elaboração de uma visão política para o futuro. Em numerosas regiões do mundo, sua situação não cessa de se deteriorar.

O adiamento na passagem do testemunho cria condições de um conflito de gerações que pode ser brutal. Os jovens adquiriram, em teoria, novos direitos, possibilidades e meios (por exemplo: a educação, a viagem, a liberdade e a experiência). Entretanto, em razão da crise econômica e financeira eles são confrontados com a falta de apoio social, político e institucional, e não podem aceder plenamente a esses direitos, possibilidades e meios. Excluídos do mercado de trabalho, são condenados à precariedade e à insegurança. No âmbito mundial, há situações em que esses direitos e essas possibilidades são absolutamente recusadas. Frequentemente, os jovens se sentem privados do seu direito à palavra, ao seu presente e ao seu futuro.

As Igrejas devem reconhecer essa situação como um sinal dos tempos. Os cristãos devem ajudar os jovens a criar um espaço onde possam afirmar-se para além de toda análise custo-benefício. Como podemos ver nas grandes transformações em curso (por exemplo: os movimentos ecológicos e aqueles que criticam a sociedade capitalista), não só no mundo ocidental, mas em escala mundial, os jovens podem representar um papel profético. Eles podem ser chamados a novas responsabilidades a fim de ganhar o seu próprio futuro.

Famílias de formas diversificadas

No mundo todo, o casamento e a família tomaram novas formas nas últimas décadas. Três situações se tornaram mais frequentes. Observamos, em primeiro lugar, que a união entre os homens e as mulheres se faz de acordo com novas modalidades. As relações conjugais tomam diversas formas: religiosas, civis, consuetudinárias ou simplesmente por consentimento (coabitação). As uniões e os casamentos são menos duráveis. Os divórcios e as separações formais são comuns. Certos jovens escolhem não se casar oficialmente porque preveem a possibilidade de separação. A poligamia continua a ser uma realidade em certas partes do mundo e surge em regiões onde antes não existia. Uma segunda situação está ligada ao fato de, cada vez mais, as crianças serem educadas por pais celibatários. Alguns veem raramente, ou nunca, o pai (ou, às vezes, a mãe). A maternidade celibatária é vivida por escolha ou por necessidade. Um fenômeno ligado a este último é a crise de masculinidade. Alguns homens não podem ou não querem assumir a sua paternidade. Isso cria desafios maiores para a família e para as crianças em questão. Terceiro, as uniões homossexuais, assim como a procriação e/ou a adoção de crianças por casais homossexuais, fazem parte do panorama atual. Em numerosas sociedades, a coabitação e, em certas regiões, os casamentos formais entre pessoas do mesmo sexo se tornaram socialmente aceitáveis.

Num contexto profundamente diferente daquele dos anos 1960, no hemisfério norte e cada vez mais no hemisfério sul, a Igreja e a sociedade deveriam repensar a questão do casamento e da família. Teológica e pastoralmente, o bem-estar das mulheres e dos homens, de um lado, e o das crianças, do outro, deve ser considerado como um critério essencial em matéria de casamento e de família. A união estável e socialmente reconhecida entre uma mulher e um homem com desejo de ter filhos é considerada por muitos, e por boas razões, como a melhor opção. Entretanto, em certos contextos, os recasamentos e a monoparentalidade favorecem efetivamente o bem-estar das mulheres, dos homens e dos filhos interessados. Eles oferecem mais amor e proteção que os casais ou as famílias nas quais se vivem abusos. Inspirados pela atitude acolhedora de Jesus para todo mundo e por seu ministério libertador, a realidade das uniões de mesmo sexo deveria interpelar-nos a que sejamos da mesma forma acolhedores, benevolentes e abertos à libertação. Uma interpretação renovada da tradição cristã sobre essas questões – em harmonia com a catolicidade sincrônica e diacrônica – parece ser uma necessidade urgente de nosso tempo.

6. A individualização e a cultura de massa

A erosão das formas de expressão simbólicas tradicionais (de natureza religiosa e cultural) vem acompanhada de um processo maciço de individualização. Em numerosos casos, uma integração normal que se passava naturalmente nas tradições culturais das famílias não acontece mais. Em contrapartida, emergiu um imperativo de se recriar a si mesmo e de encontrar uma nova identidade com o único critério moral de não incomodar os outros em sua própria busca de realização de si. Se as culturas ocidentais são particularmente fascinadas pelo apelo à autonomia e à realização de si, o Sul é igualmente confrontado com a perda dos usos tradicionais e enfrenta o desafio de encontrar novas formas de expressão cultural e identitária.

Em muitos aspectos, a busca de identidade é midiatizada pelo consumo (ou por promessas de consumo). À medida que a identidade é cortada das histórias tradicionais e ligada a produtos específicos, ela se torna abstrata na sua própria autoconcepção. As consequências decorrentes dessa situação são, de um lado, a globalização do imperativo de se criar uma "identidade toda pessoal" e, de outro lado, o fato de essa identidade estar ligada a características superficiais e dissociada da memória e dos objetivos utópicos em matéria social, cultural e religiosa. Enfim, a busca da própria identidade tende à identidade de massa. O véu muçulmano é um exemplo, e também o colarinho usado de modo ostensivo por jovens padres.

Devido à perda de um enraizamento tradicional e à transformação do ambiente de vida, as identidades modernas se tornaram frágeis. Em países industrializados, a pressão de se *inventar* a si mesmo é esmagadora.

Os modos de vida e os modelos familiares tradicionais perderam seu apoio social. Nessa situação, a Igreja Católica entregou-se a uma espécie de "guerra cultural" no decorrer dos últimos decênios a respeito de valores não negociáveis. O que conduziu a uma tentativa de afirmar a identidade católica no seio da própria Igreja Católica, mas esta última não estava à altura de enfrentar a fragilidade do mundo moderno. Por causa da falta de consideração pelas condições da vida moderna, que, apesar de todos os esforços, invadem todas as camadas da Igreja Católica, a luta pela identidade parecia menos discussão intelectual sobre os valores do que uma ambição hegemônica no plano social e cultural. É preciso manter, todavia, que, independentemente da perda de tradição, uma grande parte do conteúdo da tradição católica pode adquirir um caráter profundamente profético (pensemos, por exemplo, na encíclica *Humanae Vitae*, de Paulo VI, diante de uma sexualidade cada vez mais desencarnada), com o inconveniente de que esses conteúdos se tornaram completamente separados do seu contexto e, por isso, foram transformados em *slogans* na batalha pela supremacia cultural.

Em domínios como a bioética, a medicina e a sexualidade, é preciso estar consciente de que muitas mágoas se escondem atrás das discussões. A esse respeito, o novo pontificado oferece uma ocasião única, com insistência sobre a necessidade de considerar as feridas próprias a nosso contexto social e religioso como pontos de partida para o engajamento no mundo. Isso constitui uma largada em relação à teologia dos últimos decênios, caracterizada por resistir a toda sensibilidade às vulnerabilidades. É a tarefa das Igrejas e um desafio da teologia utilizar esse gesto profético, propagá-lo e inculturá-lo nas situações concretas e no mundo real.

7. A virtualização e a digitalização

A virtualização está afetando o modo como imaginamos a realidade. Ela tem aspectos positivos e negativos. Favorece um senso da comunidade e uma comunicação mais universal. A cultura global, graças à sua vasta midiatização, minou as formas tradicionais da expressão simbólica e as desconectou de seu contexto. A memória linguística, histórica, religiosa e cultural está cada vez mais dependente da midiatização e recebe uma espécie de memória nova, virtual e desligada dos contextos anteriores. Em escala mundial, os grandes relatos que provêm do cinema, da televisão e do esporte influenciam, cada vez mais, os espíritos no que diz respeito à maneira pela qual a história é apresentada. O que é facilmente perdido nesse processo de transmissão é o "núcleo duro" da memória e da história, que escapa a toda apropriação imediata. Enquanto as culturas tradicionais centradas em novas lembranças ficam em volta do inominável e do indizível, a cultura das mídias e do consumo tem seu centro no imediatamente administrável. Mas, de outro lado, novas formas de expressão oferecem novas perspectivas para a transliteração da história. A questão é saber como esses grandes relatos, que "flutuam" livremente, podem ser integrados em contextos locais. Em certos casos, eles são de tal modo desfigurados que podem tornar-se causa de litígio e levar à constituição de grupos e de comunidades antagônicas.

Novas maneiras de ver e de ler a história e a memória emergem, consequentemente, na digitalização de todos os setores da vida. O mundo físico da experiência é cada vez mais substituído pelo mundo digital. Essa digitalização vai junto com uma transformação radical do corpo, do espaço e do tempo. O papel da estrutura tradicional espaço-tempo está em recuo constante na vida contemporânea. O mundo se encontra num "agora" e num "por toda a parte" permanente e reproduzível. O corpo perde seu lugar enquanto centro da gravidade e torna-se um lugar de transformações infinitas (ciborgue, avatar) e de experimentações.

A realidade virtual e seus ambientes interativos encontram sua expressão nas novas mídias de comunicação e sua imaterialidade, que desestabilizam a realidade de nossas vidas e de nossa experiência. Passamos de um estado de percepção entre o fetichismo tecnológico e o ceticismo

7. A virtualização e a digitalização

perpétuo diante do visível, o que abre a questão do caráter verídico da experiência humana. Este "ser sem gravidade" afeta igualmente a falta de limites, de estímulos e de leis. A sociedade (ocidental) passou de uma economia psíquica, baseada no controle e na repressão, a uma economia que expõe "à saciedade" (quer pela internet, quer pela televisão, quer pelos jornais). Os ocidentais se tornaram, de alguma forma, funcionários chamados a conservar, a autorizar e a produzir o bem-estar. Ao mesmo tempo, parece que a gestão e a manipulação das emoções, dos gostos, dos sentimentos e, portanto, dos juízos e das decisões se tornaram a tarefa mais elevada da sociedade de consumo. Trata-se de exercer uma influência sobre a consciência humana a fim de criar um novo encantamento no Ocidente secular e neocapitalista (que tem, desesperadamente, necessidade da lógica do *marketing* e da distribuição).

O ser humano se propõe a si mesmo como objeto de experiência contínua. A característica do mundo digitalizado é – ligada à modificação da percepção da história do Outro – a intermutabilidade arbitrária das pessoas e das coisas. Elas se transformam em etiquetas, cujo critério decisivo é a sua "imagem". No mundo digitalizado, as identidades podem ser reduzidas a imagens que podem ser totalmente dissociadas do seu contexto social originário. Os novos fundamentalismos internacionais podem ser compreendidos como uma resposta à perda de identidade. Levando isso em conta, a Igreja deve reavaliar a identidade das comunidades locais.

A digitalização abre o caminho para diversas formas de abuso: a cibercriminalidade, os ataques terroristas e sua propaganda, novos métodos de guerra a distância – sem enfrentar frente a frente o inimigo –, a pornografia massiva etc. As novas mídias podem ser utilizadas arbitrariamente para manipulação de massas. A redução da realidade a dígitos binários afeta a relação com o Outro e com o mundo, enquanto tudo parece reprogramável e previsível. Ela é uma ameaça à liberdade.

Através de uma recepção frutuosa do Cristianismo pelas pessoas marginalizadas, cuja identidade cultural é vacilante (biblicamente falando, os "pobres"), abre-se a possibilidade de um novo relato, que não faça só multiplicar identidades artificiais, mas que fale a partir da perspectiva dos despossuídos sobre novos laços sociais e novas sensibilidades. As mulheres dispõem de um carisma especial a esse respeito, pois, além de marginalizadas pela sociedade em geral, sofrem de uma marginalização interna, o que lhes proporciona uma sensibilidade particular à exclusão. Para que a perspectiva das mulheres seja seriamente levada em conta, medidas institucionais concretas devem ser tomadas no seio da Igreja Católica, e esse empreendimento não deve permanecer uma questão de pura forma.

A Igreja deve integrar esses novos relatos em todas as suas formas de expressão (a liturgia, o serviço e o anúncio do Evangelho) e fazer disso o ponto de partida de novos projetos. Para isso, são necessárias pequenas estruturas eclesiásticas estabelecidas localmente, ao lado das entidades e instituições maiores. A Igreja conservará sua vitalidade neste tempo de virtualização somente onde as pequenas comunidades comecem a escrever a sua história. A digitalização quebrou as barreiras do tempo e do espaço e criou um fórum público para a opinião. Os movimentos de solidariedade têm um impacto maior, sobretudo na luta pelos direitos humanos em toda parte do mundo. As pessoas e as Igrejas são mais sensíveis aos valores humanos. Com a digitalização, a Igreja pode viver sua catolicidade e sua universalidade de maneira nova. A digitalização das mídias abre novos horizontes à comunidade católica.

8. Uma profunda transformação religiosa

Vários estudos mostraram que a cena religiosa de hoje é muito mais variada e complexa do que a que prevalecia no momento do Concílio Vaticano II. Um dos traços distintivos da nossa época é a experiência de viver num mundo cada vez mais interconectado e religiosamente plural, mesmo nas sociedades onde as grandes tradições religiosas continuam a prevalecer. Entre as experiências positivas do atual decênio, notemos os processos de diálogo entre as diversas tradições religiosas, o movimento ecumênico no seio das Igrejas cristãs, a reapropriação das culturas religiosas autóctones, tendo características específicas nos diversos continentes e o reconhecimento de formas populares de religião estreitamente ligadas à vida das pessoas. Inversamente, a época atual é marcada por fenômenos negativos, os quais incluem a associação da religião com a violência e a intolerância, a ameaça à liberdade religiosa em numerosas regiões e várias formas de perseguição visando às minorias étnicas e religiosas, até mesmo as comunidades cristãs.

Um dos traços que caracteriza as sociedades ocidentais em particular é o processo de desinstitucionalização religiosa ou a desfiliação da crença religiosa. Em virtude da valorização cultural da autonomia da consciência, as instituições religiosas são cada vez mais incapazes de propor um sistema unificado de significação. Ligado aos processos de privatização e de pluralização, sublinhamos o crescimento do subjetivismo ou a individualização da esfera religiosa. As pessoas escolhem suas crenças em função de suas trajetórias pessoais e de suas necessidades, de um modo cada vez mais eclético. Pareceria que o fato de crer em seu próprio caminho constitui a maneira mais significativa de viver a vida de fé no mundo de hoje. Sobretudo nas sociedades ocidentais, os métodos de evangelização e de comunicação da Igreja Católica não são mais eficazes. Alguns descrevem essa crise como "a exculturação da fé": uma crise da socialização religiosa que é particularmente evidente na dificuldade de transmitir o conteúdo da fé às novas gerações, com a perda concomitante da memória viva do Cristianismo.

A cultura da modernidade, diversamente vivida nas diferentes regiões do globo, está na raiz da situação atual da religião e, em particular, da crítica da tradição e da autoridade. A liberdade e a autonomia são os elementos constitutivos do projeto emancipador moderno. São aspirações incontornáveis de nossa cultura. A realização de si aparece com um valor essencial. O eu se torna o polo integrador da fé ou da busca de cada um. Eis por que a religião é vivida mais como escolha pessoal do que como algo a receber dos outros.

Com a crise institucional da religião, observamos também a proliferação de novos movimentos religiosos e buscas espirituais sob diversas formas: grupos que se separam das Igrejas ou, se permanecem nas Igrejas, apresentam sinais de sectarismo e de fundamentalismo; diversas formas novas de espiritualidade (*New Age*); uma nova eclosão de religiões antigas ou ancestrais; a busca filosófica de sentido etc. As mídias globalizadas contribuem para esse processo comprimindo a experiência do tempo e do espaço. Por outro lado, se, no passado, a morte de Deus e o fim da religião tinham sido anunciados, hoje falamos da persistência, e até da volta do religioso, caracterizado pelo subjetivismo, das buscas religiosas desinstitucionalizadas, do ecletismo na prática e na crença, da primazia da emoção sobre a racionalidade e da fascinação pelo místico, pelo ocultismo e pela magia. Assim como a desinstitucionalização da religião está ligada à ideia da privatização, a proliferação de novas formas religiosas vividas de maneira eclética exprime a ideia de pluralização.

Um fator significativo é o crescimento de diversos movimentos pentecostais ou neopentecostais. As razões de sua expansão são múltiplas. Diz-se que essas novas comunidades favorecem o desenvolvimento de laços afetivos fortes, de uma moralidade clara e de um senso partilhado de responsabilidade no seio da comunidade, os quais constituem uma fonte possível de mobilidade social. Este fenômeno não é fácil de compreender em toda a sua complexidade e diversidade.

Ainda que o contexto atual se caracterize por uma espécie de ressurgimento da busca de sentido espiritual, é preciso notar também os fenômenos de incredulidade e de indiferença religiosa existencial. Observamos essas atitudes mesmo em pessoas que se consideram crentes. Esses fenômenos podem ser considerados como o resultado de uma desafeição para com a práxis religiosa e os resultados de formas de vida em que Deus não tem lugar. Alguns estimam que um horizonte de sentido secular basta e que a religião nada acrescenta de significativo à vida.

A categoria da secularização serviu para explicar essas transformações da religião e do seu lugar no mundo. Ela permanece uma categoria válida para a reflexão com a condição de que se reconheça o modo como seu sentido evoluiu. Enquanto esse conceito era outrora utilizado para descrever a perda de privilégios sociais pelas comunidades religiosas, hoje ele descreve uma mudança profunda na sensibilidade espiritual e religiosa das pessoas. Nesse sentido, a secularização questiona e gera a transformação de um certo número de formas históricas da fé, sem, todavia, marcar o fim da busca do sentido religioso. A fase da secularização, que alguns chamam pós-moderna, constitui uma crítica dos mitos modernos, mesmo a crise da razão e do eu, a utopia e o progresso, a morte cultural de Deus etc. A religião não tem mais lugar na esfera sociocultural, mas funciona no nível das escolhas individuais. Novas possibilidades para uma experiência renovada de Deus aparecem neste cenário secularizado.

A situação atual constitui, ao mesmo tempo, um desafio e uma oportunidade para a renovação do catolicismo. A volta à centralidade da experiência pessoal da fé é uma tarefa crucial. A persistência da busca de significado espiritual, o reconhecimento do princípio de autonomia e a importância do sujeito individual na cultura contemporânea são indicações de tal necessidade.

A transformação das estruturas institucionais da religião constitui outra prioridade. Se hoje, por um lado, mais do que nunca, a transmissão das tradições depende das instituições (por falta de um ambiente homogêneo), por outro lado o sucesso do processo de transmissão supõe um grau de abertura e de flexibilidade institucional e uma sensibilidade às aspirações à autonomia individual e à consciência de si. Isso representa um enorme desafio para a Igreja Católica. A validade dessa reivindicação está exposta mais adiante, nos capítulos III e IV, ao tratarmos da renovação e da reforma da Igreja.

A terceira tarefa é a promoção de um encontro mais profundo e um diálogo com as culturas emergentes, incluindo o desenvolvimento de um modo de presença social e cultural que possa favorecer a redescoberta do caráter humanizante do Cristianismo. Nós aspiramos a um Cristianismo culturalmente policêntrico em diálogo com outras tradições e outras religiões, que esteja a serviço da paz e da justiça entre os seres humanos, em particular os menos privilegiados.

9. A restauração da unidade dos cristãos

Em gesto altamente simbólico, o Papa João XXIII escolheu anunciar o Concílio Vaticano II durante a semana de oração para a unidade dos cristãos, em 25 de janeiro de 1959. Além do *aggiornamento* da Igreja Católica, ele designou a restauração da unidade dos cristãos como uma das principais finalidades do Concílio (UR 1) e incluiu várias vezes o movimento ecumênico como um dos sinais dos tempos ao qual devemos prestar atenção: "Hoje, em muitas partes do mundo, mediante o sopro do Espírito Santo, empreendem-se, pela oração, pela palavra e pela ação muitas tentativas de aproximação daquela plenitude de unidade que Jesus Cristo quis. Este sagrado Concílio, portanto, exorta todos os fiéis a que, reconhecendo os sinais dos tempos, solicitamente participem do trabalho ecumênico" (UR 4).

O decreto conciliar sobre o ecumenismo estabeleceu os princípios que devem guiar o compromisso da Igreja Católica na busca da reconciliação com as outras Igrejas e comunidades cristãs. Nós nos alegramos que, através do diálogo praticado já faz cinquenta anos, descobrimos terrenos significativos de compreensão sobre questões que eram outrora consideradas como causas de divisão para a Igreja. Entretanto, uma boa parte do consenso teológico elaborado pelo diálogo não é sempre recebida pelas autoridades da Igreja Católica. Um trabalho de recepção deve continuar a progredir a fim de que os frutos do diálogo possam informar a vida pastoral das Igrejas e conduzir a um testemunho comum em todas as regiões e em todos os níveis da vida eclesial. Essa necessidade se faz fortemente sentir pelos católicos que concluíram casamentos intereclesiais e que fundaram famílias intereclesiais. As comunidades religiosas fazem, igualmente, a experiência de uma unidade existencial com outros cristãos em níveis mais profundos de fé viva, na oração e na espiritualidade comum.

Durante os últimos cinquenta anos, a imagem da cristandade mundial sofreu uma importante transformação com a expansão rápida de novos movimentos evangélicos e pentecostais. Esforços devem ser feitos para ultrapassar as tensões causadas por métodos não éticos de evangelização em numerosas regiões. O testemunho comum dos cristãos é revestido de uma nova urgência em nosso tempo, quando os cristãos enfrentam novos desafios ligados à descrença e ao crescimento do pluralismo religioso. As comunidades cristãs são atualmente ameaçadas pelo cansaço ecumênico. Enquanto elas se comprouverem em suas divisões, enquanto as reforçarem acentuando ostensivamente suas identidades, elas continuarão impotentes. Serão incapazes de proclamar, de modo a esperar efeitos sérios, a Boa-Nova do amor reconciliador de Deus no mundo. Por mais promissora que seja a colaboração dos cristãos no plano ético, esta não pode substituir a busca da unidade da fé em suas múltiplas expressões.

Reflexões finais

"É dever da Igreja investigar, a todo momento, os sinais dos tempos, e interpretá-los à luz do Evangelho, para que, assim, possa responder, de modo adaptado a cada geração, às eternas perguntas dos homens e mulheres acerca do sentido da vida presente e futura, e da relação entre ambas. Por isso, é necessário conhecer e compreender o mundo em que vivemos, as suas esperanças e aspirações, e o seu caráter tantas vezes dramático" (GS 4). Só um método integrando um momento indutivo que dê uma autoridade epistemológica à experiência histórica (como foi por ocasião do Concílio Vaticano II) está à altura de dar conta da maneira pela qual Deus se comunica. O objetivo é escutar a Palavra de Deus, *todas* as Palavras de Deus; uma Palavra que não se identifique com nenhum testemunho autorizado, incluindo as Escrituras, e não se esgote em nenhum deles. É nos acontecimentos históricos e nas biografias humanas que se discerne a Palavra de Deus: uma Palavra nas vozes e nas palavras humanas. Ao lado das outras fontes, a história e a experiência humana – graças ao Espírito de Jesus ressuscitado – constituem uma fonte essencial para a fé e a teologia, não um simples campo de aplicação prática de princípios preestabelecidos. Poder-se-ia perguntar que mudanças se produziriam se a Igreja, como sujeito teológico coletivo, assumisse esse ponto de vista e que transformações se operariam na sua crença, sua liturgia e sua ética, assim como na sua maneira de pensar e de crer, de agir e de celebrar.

CAPÍTULO 3

A UNIDADE E A DIVERSIDADE NO ENCONTRO DO EVANGELHO E DA IGREJA COM O MUNDO E AS CULTURAS

> A experiência missionária da Igreja durante os séculos XIX e XX conduziu o Vaticano II a reposicionar a nota da catolicidade (ecumenicidade) da Igreja, que, doravante, habita todas as culturas, autorizando-a a inscrever o Evangelho na pluralidade das culturas do mundo. Como, nessa nova situação, pensar ao mesmo tempo a diversidade e a unidade:
> - no plano antropológico (a unidade da família humana, a diversidade dos povos e das nações, dos sem-voz);
> - no plano teológico (as diversas expressões doutrinais, teológicas, catequéticas, litúrgicas, e modos de vida e a unidade da Igreja); e
> - no plano eclesiológico (a diversidade das formas eclesiais, as interações entre as comunidades, e as formas de governo da Igreja que podem proteger as diversidades e promover a unidade)?

Introdução

A experiência missionária da Igreja durante os séculos XIX e XX levou o Concílio Vaticano II a reposicionar as noções de catolicidade e de ecumenicidade, autorizando-a a inscrever o Evangelho na pluralidade das culturas, que são os horizontes de compreensão e de ação dos grupos humanos e que dão sentido à sua relação com o mundo e com a vida. Com efeito, no Concílio a questão da relação "Evangelho e cultura" foi realçada, sob o adágio "Deus multifariam multisque modis locutus est". Considerando não ser mais possível diferir uma resposta eclesial às questões apresentadas pela diversidade das culturas, os padres conciliares integraram a pluralidade como uma dimensão teológica e eclesiológica. Mas podiam eles medir tudo o que essa dimensão iria trazer ao mundo de hoje?

Ao ver implantar-se no mundo uma experiência semelhante à que foi feita pela Igreja, eles afirmaram: "O aumento de intercâmbio entre os vários povos e grupos sociais revela mais amplamente a todos e a cada um os tesouros das várias formas de cultura, preparando-se, desse modo, progressivamente, um tipo mais universal de cultura humana, a qual tanto mais favorecerá e expressará a unidade do gênero humano quanto melhor souber respeitar as peculiaridades das diversas culturas" (GS 54). Ao esboçar uma visão utópica, os padres tinham em vista um novo caminho de unidade do gênero humano, mas as questões complexas emergirão durante os decênios seguintes.

Com efeito, a própria recepção do Concílio é testemunho da realidade concreta e conflitual da diversidade: há os que consideram positivamente a abertura conciliar à pluralidade como o fio condutor da sua nova linguagem e do seu "estilo" inovador; há os que sublinham antes as dificuldades na recepção conciliar, afirmando que os textos são ainda fundados num paradigma de homogeneidade cultural; e há, enfim, os que pedem a "reforma da reforma", com certa nostalgia do passado ou por temor de uma ruptura no seio da tradição.

Em nosso mundo, a *pluralidade* dos povos e das culturas é cada vez mais considerada como um dado *irredutível* exprimindo o *horizonte histórico* contemporâneo, e a interculturalidade mundial nunca enriqueceu tanto a experiência humana, criando também uma consciência planetária. Ao mesmo tempo, apesar dos esforços – intelectuais, sociais e políticos – para promover um caminho de unidade do gênero humano, achamo-nos diante de um duplo risco: o de *fragmentação* das sociedades e o do *recuo* para as particularidades que se manifestam através da *violência* e dos *poderes reais de homogeneização*, dinamizados, sobretudo, pela tecnociência, pela economia globalizada e pelas novas mídias.

Nessa situação emergem as questões necessárias: como pensar teologicamente "o enraizamento e a abertura" e "a unidade e a diversidade" em nosso mundo que, de um lado, homogeneíza e cruza a multiplicidade das culturas e, de outro lado, fragmenta-se pelo ressurgimento explosivo das religiões nas suas formas conservadoras e fundamentalistas? Como prevenir, no trabalho de inculturação, o risco de deriva da etnicização, nascida da vontade de fazer corpo com a cultura local, que chegaria à identificação da fé cristã com um grupo étnico particular? Como pensar, teológica e eclesiologicamente, uma Igreja culturalmente policêntrica? Como pensar uma nova maneira de "fazer Igreja" na Igreja Católica romana, cuja tradição de origem e mesmo a identidade são modeladas pelas culturas judia, helenística e latina?

Perante todas essas questões que emergem do contexto contemporâneo, nós, teólogos e teólogas de todos os continentes, propomos aqui, de novo, uma reflexão sobre a fecundidade da *unidade na diversidade*. Essa reflexão coletiva testemunha por si só a nossa fé e o nosso engajamento para que isso seja possível e salutar. Revisitaremos as interpelações desse conceito e o que nele está em jogo a partir de três eixos fundamentais: 1) um eixo antropológico, para identificar as novas concepções do ser humano em vista do impacto da globalização; 2) um eixo eclesiológico, para discernir as novas experiências e figuras da Igreja; e 3) um eixo teológico, para desenvolver novas maneiras de pensar a fé a serviço da Igreja e do mundo.

1. A humanidade diante da *irrupção* do outro como *próximo*

Nosso ponto de partida é a constatação da *pluralidade da realidade concreta da vida* dos homens e das mulheres de hoje, a qual se tornou verdadeira realidade *cognitiva* e *existencial*. O mundo está, certamente, mais consciente do pluralismo e reconhece a sua legitimidade. Ora, essa realidade plural concreta exige respeito da singularidade e, portanto, da alteridade de cada povo, sobretudo dos grupos minoritários, muitas vezes considerados à margem de um centro qualquer. Essa alteridade se manifesta por várias características: a pertença e a prática religiosa, a memória, a língua, a educação, a vida comunitária, o gênero, o mundo simbólico. A revelação dessa alteridade é perturbadora, pois abala nossas certezas e nos põe em guarda diante da projeção de nossos desejos em relação ao outro diferente.

Paradoxalmente, a tomada de consciência da pluralidade vai par a par, de um lado, com a *homogeneização* das culturas e, de outro lado, com o *fechamento fundamentalista* que a modernidade não havia previsto. Dois fenômenos que geram dois novos modelos antropológicos problemáticos.

Num mundo de emulação e de mescla cultural, o fenômeno do pluralismo é acompanhado por um processo de uniformização, fazendo nascer uma nova antropologia em razão do sucesso fantástico do novo modelo que associa tecnociência e economia financista. Este novo modelo é o motor da homogeneização cultural que nivela toda a riqueza da diferença. O tipo de homem moderno é fechado na busca obsessiva de acúmulo de bens materiais, marcada por um certo positivismo, num mundo onde as referências éticas e várias formas de saber sapiencial se desmoronam. Isso tem graves consequências: fraqueza de ordem espiritual, negação e exclusão de Deus do campo das atividades humanas, falta de solidariedade, egoísmo exacerbado e ausência de um código ético

1. A humanidade diante da irrupção do outro como próximo

comum. A investida da cultura mercantil sequestra a busca de *sentido* da humanidade e conduz o mundo para uma unidade de *fachada*.

Reações diante do nivelamento da diferença cultural e de um progresso de tipo materialista são múltiplas, entre as quais o fenômeno do crescimento de vários fundamentalismos. Sob a capa de reação contra o mundo caracterizado pela perda de sentido do sagrado, inicia-se um processo de fragmentação, fazendo nascer uma antropologia identitária. Ora, a afirmação identitária fecha o homem numa identidade cultural e religiosa, instala a diferença como uma fronteira simbólica que ninguém está autorizado a transpor, o que põe fim à própria ideia de uma humanidade e de uma fraternidade comuns, assim como à procura da unidade autêntica.

No centro dessa fragmentação e dessa homogeneização, o homem procura também a unidade. Nas regiões marcadas por conflitos históricos, o sentido e a busca da unidade estão vigorosamente presentes. Por exemplo: para promover a unidade das famílias humanas e ultrapassar as divisões sobrevindas no decorrer da história, as Igrejas do Oriente Próximo exploram uma nova hermenêutica e compreensão que permitam desbravar caminhos possíveis para que o outro, o Islá por excelência, seja um elemento essencial da reflexão sobre uma convivência. Nesse processo, a dimensão da *memória* tem particular importância a fim de melhor medir o impacto das feridas e dos antigos mal-entendidos transmitidos. É a escuta das memórias – decisiva no diálogo entre as culturas e as religiões – que abrirá a comunicação e a reconciliação. O testemunho de comunidades autenticamente reconciliadas é sempre uma luz que atrai, como o mostram as diversas comissões "verdade e reconciliação".

A unidade dos diferentes povos não é possível a não ser pelo homem convertido e reconciliado que escuta as feridas ou os sofrimentos que deixam marcas no coração de homens e mulheres, e que busca tecer laços de confiança. Laços que unem os povos dispersos e que não são possíveis

CAPÍTULO 3. A unidade e a diversidade no encontro do Evangelho e da Igreja

a não ser pelo reconhecimento e pelo respeito da singularidade de cada povo. Essa antropologia da reconciliação tem sua origem no Deus trinitário que, incansavelmente, no seu desígnio universal de salvação do gênero humano, quer entrar em comunicação com o homem.

Além disso, no caminho da unidade do gênero humano *o grito dos sem-voz e das vítimas da exclusão e da violência sistêmica* (por causa do gênero, da raça, da classe social, de uma deficiência qualquer etc.) deve ser um lugar de interpelação fundamental. Quando somos capazes de escutar essas pessoas e de reconhecê-las como semelhantes a nós, elas se tornam, paradoxalmente, um ponto de partida para uma nova antropologia. Com efeito, o sofrimento dos sem-voz coloca a humanidade diante do desafio contínuo de reformular sua relação com os outros e, por extensão, com o meio ambiente. É a irredutibilidade dos sem-voz – que têm cada um seu próprio conceito de vida, sua *própria* maneira de raciocinar, e seu *próprio* poço onde beber (G. Gutiérrez) – que exige *união* para fazer *justiça* ao *outro*, revelando, assim a possibilidade da "unidade na diversidade".

No meio deste mundo, constatamos uma mudança no modelo de compreensão da pessoa que novas formas de religiosidade, de espiritualidade e de busca de transcendência próprias às sociedades na fase da secularização tardia nos mostram. De acordo com diversas análises teológicas narrativas e socioculturais, vê-se, em nossos contemporâneos, em busca de sentido e de verdade, a necessidade de afirmar *a plenitude humana* como base de toda dimensão transcendente da pessoa e da sociedade inspiradas pelo Evangelho (cf. GS 27 § 1: "Que cada um considere o próximo, sem exceção, como 'outro eu'").

Constatamos, igualmente, que a antropologia cristã, fundada na fé em um Deus trinitário, encontra nova fecundidade na ideia da pessoa enquanto *ser em relação*, marcada por uma existência em estado de *doação*. Ela supõe o reconhecimento da *pobreza radical* própria a todo ser humano, da sua *vulnerabilidade* em face do outro e, ao mesmo tempo, da *superabundância* que advém por sua presença como dom. Inspirados pelos encontros de Jesus no Evangelho, podemos compreender a pessoa como *abertura à irrupção do "outro" como próximo*, prestando atenção à originalidade e à contribuição insubstituível de cada um e de cada uma. No plano da fé, esta antropologia deixa sempre aberta a possibilidade da irrupção do *divino* através do outro. É a abertura ao Outro que se tornará a fonte para resistir a qualquer homogeneização das culturas e ao encolhimento identitário. O ponto de partida da compreensão da unidade na diversidade da humanidade é revelado na unidade exemplar da *imago Dei* que protege a dignidade humana, e na diversidade manifestada na fecundidade da criação, que protege a expressão multiforme, assim como as particularidades do sexo, do gênero, da etnia, da língua/cultura e dos talentos.

2. Uma Igreja *policêntrica*, testemunho e sinal de *unidade na diversidade*

No cerne desta nova realidade, a Igreja deve ser capaz de discernir as questões fundamentais, de elaborar novas respostas a partir de sua tradição duas vezes milenar e de atualizar, assim, a dimensão essencial de sua missão. Hoje, quando nos interrogamos sobre as práticas eclesiais de nossos países e de nossas regiões, surge o princípio eclesiológico de reconhecimento da pluralidade das culturas, "povos, tribos, línguas e nações", e das histórias. Esse princípio é conforme com a humanidade autêntica, segundo o desígnio divino manifestado em Jesus de Nazaré e em sua Páscoa vivida e celebrada de modo singular por cada cultura.

Para pôr em prática o objetivo proposto por *Nostra Aetate*, "promover a unidade e a caridade entre os homens e mesmo entre os povos", não basta fazer da diversidade um valor positivo. Precisamos confessar que o reconhecimento do fundamento antropológico do pluralismo é ainda insuficiente na Igreja, e que é necessário trabalhar sem cessar para realizar a concepção de Igrejas particulares como a *Lumen Gentium* as introduziu: as Igrejas particulares são "formadas à imagem da Igreja universal, nas quais e pelas quais existe a Igreja Católica, una e única" (LG 23). Ao mesmo tempo, diante do fenômeno de fragmentação, somos chamados mais ainda a promover ardentemente a unidade entre os povos, que não é possível senão com a iniciativa do *encontro-reconhecimento-reconciliação* entre indivíduos, comunidades, nações e religiões, tal como nós constatamos.

A diversidade das figuras eclesiais

Duas tendências eclesiológicas maiores podem hoje ser identificadas. De um lado, a tendência "confessional", que sublinha o papel fundamental da *liturgia* e da *religiosidade popular* na prática da fé, tais como são vividas pelos fiéis nas comunidades locais. De outro lado, a tendência pós-secular que postula a necessidade de descentrar a Igreja do seu reflexo autorreferencial; ela visa ao reconhecimento do primado do Reino de Deus e de sua justiça no anúncio da Boa-Nova, além das fronteiras de pertença institucional à Igreja e das práticas de fé dos cristãos.

Mais ligadas a uma ou outra tendência, novas formas de organização das comunidades ou dos ministérios surgiram desde o Concílio, em busca da unidade na diversidade dos carismas. Na África, por exemplo, apareceram as Comunidades Eclesiais Vivas – com o novo ministério do *mokambi*, homens leigos dirigentes de uma comunidade cristã (o problema de uma formação adequada dos animadores permanece). As Comunidades Eclesiais de Base, presentes em todo o mundo, são desenvolvidas levando mais em consideração as realidades locais. Além disso, novos modelos comunitários, dentro da Igreja Católica, mas não idênticos à sua forma institucional tradicional, começam a nascer: novas associações religiosas, em particular sob a forma de "novos movimentos eclesiais".

2. Uma Igreja policêntrica, testemunho esinal de unidade na diversidade

Sobretudo na Europa, mas também na América do Norte, a Igreja, agora minoritária, deve assumir a sua própria fragilidade. Essa fragilização suscita, em muitos lugares, uma criatividade que permite a emergência de novas experiências eclesiais num contexto secularizado em que os homens e as mulheres estão, no entanto, em busca de plenitude e de verdade. São experiências de uma organização regida mais pela dimensão da hospitalidade e da fraternidade de uns para com os outros, propondo uma mensagem de sentido e uma prática do serviço, num "estilo" mais próximo do de Jesus. Tal modelo tende claramente a ultrapassar o clericalismo, a buscar formas de maior participação dos leigos – em particular das mulheres –, enfim, a buscar formas de verdadeira comunhão. Entretanto, todas as novas formas de movimentos e comunidades são chamadas a discernir sua participação no Reino de Deus, em diálogo com as outras formas de vida na Igreja.

Na linha da *Lumen Gentium* 8, o magistério episcopal dos bispos latino-americanos, que se exprimiu em Medellín (1968) e em Puebla (1979), contribuiu grandemente para que a Igreja reconheça o lugar fundamental dos excluídos, dos marginalizados e das vítimas sistêmicas (da injustiça socioeconômica, política, eclesiástica, familiar etc.) na sua vida comunitária e na sua missão. É necessário ter por fundamento uma antropologia teológica que "qualifique" a Igreja para se comprometer a respeitar a voz dos "pobres". Aqueles que são pobres reavivam a memória do anúncio da Boa-Nova e chamam continuamente a Igreja a ser a alavanca unificadora da diversidade no mundo. Na Ásia, em particular, o serviço dos mais pobres, que são majoritariamente não cristãos – mesmo que em alguns países os cristãos sejam mais pobres que eles por causa da discriminação –, oferece também ocasião às comunidades cristãs de avançar no diálogo inter-religioso.

A fecundidade cruzada a ser vivida no interior da comunidade e entre as comunidades

Num contexto cada vez mais multicultural, cada Igreja local é convidada a promover a diaconia da relação, do "inter-" que une as pessoas de origem cultural e étnica muito diferente. Por um processo de conhecimento mútuo e de relações recíprocas, uma "interculturação" tomará lugar na Igreja local para a construção de uma comunidade convivial que ajude a vencer o encolhimento monocultural e etnocêntrico.

Em nosso mundo globalizado, é necessário promover uma Igreja cultural e estruturalmente policêntrica, que deve integrar a diversidade numa relação recíproca *entre as Igrejas locais*. Não basta valorizar as particularidades de nossas experiências próprias, mas convém conceber uma eclesiologia que ajude a viver melhor a interculturalidade para vencer os estereótipos, para desativar o temor ou a rejeição do outro, e, assim, entrar mais no verdadeiro "amor do próximo". É imperativo *criar laços* entre as diversas comunidades religiosas reconhecendo, com Michel de Certeau: "Tu, que és outro, tu és necessário à minha verdade".

Cada Igreja local traz a marca da contingência histórica da sua própria interpretação. Só uma *inter-relação* poderá ajudar cada comunidade local a se compreender melhor, a relativizar seus problemas imediatos e a não absolutizar sua particularidade. Cada Igreja local, *ao mesmo tempo* enraizada no contexto que lhe é próprio *e* ligada a outras comunidades, poderá ouvir melhor o apelo de Deus que se dirige a uns pelos outros. O *encontro* com os outros "lugares", igualmente ligados *em Cristo*, vem nos revelar novas maneiras de ler ao mesmo tempo o Evangelho e a nossa própria situação. *Lumen Gentium* já tratou dessa visão eclesiológica: "Cada uma das partes traz às outras e a toda a Igreja os seus dons particulares, de maneira que o todo e cada uma das partes aumentem pela comunicação mútua entre todos e pela aspiração comum à plenitude na unidade" (LG 13).

2. Uma Igreja policêntrica, testemunho esinal de unidade na diversidade

Daí as diferentes realidades das Igrejas – até mesmo as diversas denominações cristãs, sejam do Norte ou do Sul, do Oeste ou do Leste, cada uma com sua história, seu contexto religioso e sua situação sociocultural – podem entrar no processo da "unidade na diversidade". Outrora, a noção de comunhão era compreendida mais como uma incorporação do outro ao que estava no centro. Hoje, com a noção de policentrismo, cresce a atenção e a valorização daqueles que são diferentes, considerados na sua consistência e "centralidade" própria, e não como a emanação de outro centro qualquer.

As mediações institucionais: o exercício do governo na Igreja

Esta noção de policentrismo está bem de acordo com a eclesiologia predominante durante o Vaticano II, a qual desenhou uma Igreja comunhão de realidades eucarísticas locais. Para a promoção da unidade na diversidade, dom do Deus Trindade, o governo hierárquico da Igreja deve estar a serviço da vocação católica de uma Igreja fermento de comunhão para toda a humanidade. Desde o Concílio, uma reforma do governo da Igreja – tal como a internacionalização da Cúria, a reunião de sínodos continentais, a realização de conferências dos bispos em cada país e mesmo em cada continente – está em curso como um esforço para favorecer a diversidade eclesial. Entretanto, a introdução dessa reforma continua muito lenta. De fato, ainda não ultrapassamos o modelo eurocêntrico. Por detrás do estilo de *leadership* centralizado, pode-se esconder o temor de um colapso da unidade da Igreja Católica.

A função do Papa, bispo de Roma, compreendida de maneira nova, considera seu papel como um relacionamento de comunhão de todo o corpo episcopal, não só de acordo com o princípio "sub" como também com o princípio "cum Petro". O ministério petrino está, assim, a serviço da unidade da Igreja e das Igrejas particulares.

CAPÍTULO 3. A unidade e a diversidade no encontro do Evangelho e da Igreja

Sublinhando o problema da centralização romana (*Evangelii Gaudium* 16), o Papa Francisco admite que "ainda não foi suficientemente explicitado um estatuto das conferências episcopais" (EG 32). Dado que a diversidade na Igreja é um componente fundamental da sua unidade, uma sadia descentralização é inevitável para favorecer uma melhor *articulação* entre o âmbito regional e o âmbito universal. A Igreja é convidada a dar mais valor às diversas contribuições das comunidades locais e dos diversos níveis de sua comunhão e a ter em vista uma estrutura orgânica da *koinonia* em âmbito universal:

- Reformar o modo de funcionamento do sínodo dos bispos estabelecido depois do Concílio como uma expressão da colegialidade episcopal efetiva. O exercício da autoridade episcopal é encorajado a desenvolver a prática de uma verdadeira *parresía*.

- Conferir um estatuto efetivo e reconhecido às conferências episcopais nacionais, aos sínodos continentais, aos concílios regionais, e reconhecer a autoridade local dos bispos. Nessa perspectiva, parece necessário remediar o silêncio da carta apostólica, sob forma de "motu proprio", *Apostolos Suos* (1998) sobre o nível intermediário da colegialidade episcopal entre Igrejas particulares e Igreja universal, precisando o estatuto canônico e a significação teológica deste, na esteira da LG 23, que evoca o modelo das antigas Igrejas patriarcais convidando-nos a olhar para elas a fim de compreender a Igreja como comunhão de Igrejas.

- Descentralizar, aliviar e abrandar o funcionamento central da Cúria romana, a fim de que a relação entre Igreja local e Igreja de Roma seja mais uma relação de comunhão, que cada Igreja local encontre seu lugar e seu papel na vida da Igreja inteira e que, enfim, a subsidiariedade e a legítima diversidade possam realizar-se na Igreja. Seria preciso, também, maior internacionalização da Cúria, não só internacionalização das pessoas como também diversificação das mentalidades, evitando o perigo de romanização dos membros vindos dos diversos continentes.

Promover um modo mais participativo da Igreja local no processo da escolha dos bispos, o que é atualmente considerado como secundário e mesmo supérfluo.

- Elaborar novas formas institucionais, hoje insuficientes, a fim de que os fiéis tenham participação garantida nas decisões. Conforme uma convicção eclesiológica reabilitada pelo Concílio, é necessário rever as regras do jogo para que o ensinamento do Vaticano II sobre o papel dos leigos seja realmente aplicado nas estruturas jurídicas da Igreja. Concretamente, poder-se-ia ter em vista a participação – com modalidades diferenciadas – de todos os batizados nas realidades sinodais. Através de algumas "assembleias experimentais" em âmbito local, nacional, regional, continental e universal, seria necessário experimentar diversas modalidades de representatividade de todos os componentes do Povo de Deus.

- Finalmente, pôr em prática o princípio de subsidiariedade, permitindo que as instituições e as pessoas exerçam sua responsabilidade no quadro de uma participação solicitada, promovida e reconhecida. "A participação é a contrapartida da subsidiariedade", de acordo com a Conferência dos Bispos da França.

Assim, é importante desenvolver uma *noção de participação diferenciada*, na qual todos os batizados e batizadas são *corresponsáveis* na missão da Igreja. O serviço da autoridade na Igreja deveria ser estruturalmente acompanhado e sustentado pela presença ativa da rica diversidade do corpo eclesial.

3. A contextualidade e a catolicidade da teologia cultural e historicamente aberta a serviço da Igreja e do mundo

Perante os riscos de fragmentação e de homogeneização já sublinhados, é muito importante pensar na responsabilidade da teologia neste tempo de pluralismo cultural. Por isso, os teólogos e as teólogas podem ajudar a pensar a nova figura de um Cristianismo culturalmente policêntrico onde se fecundam mutuamente, de maneira criadora, os recursos próprios da tradição cristã e as riquezas antropológicas e espirituais das culturas e dos povos.

De fato, a tomada de consciência do contexto cultural como um *locus theologicus* é uma novidade introduzida desde o Concílio. A inculturação, esse novo conceito teológico forjado nos anos 1950, permitiu à Igreja Católica ultrapassar uma noção restritiva de catolicidade e manifestar sua capacidade de integrar a pluralidade. Doravante, a teologia leva a sério o encontro de Cristo com as singularidades de cada povo para a atualização da fé pela *inculturação*, compreendida e vivida como "um princípio inspirador, normativo e unificador, que transforma e recria esta cultura, dando, assim, origem a uma nova criação" (cf. P. Arrupe). À Igreja incumbe levar adiante a tarefa preponderante de dizer a riqueza do mistério de Deus na multiplicidade das línguas.

Como verificamos no eixo antropológico, urge efetuar uma reelaboração da globalização, motor principal de nivelamento cultural, para que ela se ponha em diálogo com a realidade local. Essa reelaboração "mundial e local" é possível no processo de transformação da tradição e da memória, que não é uma simples lógica de conservação. Isso nos permitirá enraizar-nos na singularidade do povo, que funciona como mediação necessária da vida, instaurando ao mesmo tempo uma outra relação de múltiplas singularidades. Uma revolução pacífica que valoriza a cultura local na memória e reelaborada pela globalização começa a aparecer em muitos lugares.

Podemos pensar a relação "mundial e local", em termos de inculturação, conceito fundado sobre o mistério da *Encarnação de Cristo* que não pode ser realizado sem o mistério da *Páscoa* e de *Pentecostes*, isto é, sem conjugar uma certa morte e recriação das culturas, assim como a abertura aos outros e o reconhecimento fecundo da pluralidade cultural. Abrindo-se às outras realidades particulares e a elas se unindo, a Igreja pode estender seu horizonte para o universal, a fim de reunir em Jesus Cristo a humanidade separada e dispersa. Nessa perspectiva, o que diferencia não deve ser considerado como causa de separação, mas como distinção fecunda que vincula uns aos outros.

A diversidade de expressões teológicas

O Concílio menciona a evangelização da cultura em vez da inculturação do Evangelho. Mas colocamos novamente a questão porque a evangelização *em profundidade* das culturas passa sempre por um ato de inculturação em cada contexto. A teologia deve, pois, reconhecer e considerar a variedade das expressões da fé. Como a constituição *Dei Verbum* trouxe à luz o caráter irredutível da historicidade da Revelação, a percepção da Revelação (DV 8) – que faz parte do próprio acontecimento da Revelação – não pode ser senão histórica e cultural.

Ora, toda percepção cristã da Revelação só pode ocorrer numa elaboração que passa pela interpretação da Bíblia e da tradição da Igreja. Por conseguinte, uma nova elaboração dessa perspectiva pode ser considerada como fundamentalmente autêntica e idêntica em relação às precedentes quanto à confissão da fé em Jesus Cristo. Essa confissão, segundo os modos de vida próprios a cada cultura, deve ser considerada, doravante, como a base antropológica e teologal da unidade na fé: unidade de objetivos das verdades da Trindade, da Encarnação, da Eucaristia, da reconciliação, da escatologia etc. e diversidade nas significações e expressões diferenciadas dessas verdades para os fiéis locais.

Supõe-se que a teologia, que considera seriamente a inculturação, crie espaços para uma reflexão concreta, plural e contextual, a fim de melhor dar conta da presença criadora, reveladora e redentora de Deus nas experiências de humanização. Dessa forma, a Igreja pode entrar na perspectiva da interculturalidade, entendida como enriquecimento recíproco das culturas, e considerar o novo contexto cultural que é a multiculturalidade. As principais dimensões de uma teologia da fé, ao mesmo tempo contextual e em busca de catolicidade, serão as seguintes: o reconhecimento existencial de Deus que transforma as pessoas, o papel da imaginação criadora na experiência da salvação, a beleza como acesso a Deus, a confiança como receptividade, os pobres e perseguidos do mundo como lugar teológico, tudo isso levando as pessoas a uma feliz transformação de sua existência comum.

A expressão comunitária da fé: a liturgia e a religiosidade popular

Dois "lugares" eclesiais podem ser fonte de inspiração para a reflexão teológica sobre a unidade na diversidade: trata-se do modo como os crentes vivem espiritualmente a liturgia e a religiosidade popular, sendo que a liturgia unifica as práticas que celebram a *imago Dei* e as práticas de religiosidade popular refletem a diversidade humana. Se houve um documento que tenha provocado mudança nas práticas eclesiais dentro da Igreja, foi certamente a constituição *Sacrosanctum Concilium*, não só pela celebração eucarística como também pela pesquisa sobre os rituais dos outros sacramentos. O "Missal Romano para as dioceses do Zaire", que permite celebrar a Palavra de Deus segundo expressões da "palavra africana", é um belo exemplo. Hoje, as Igrejas da África, com seus teólogos e seus liturgistas, têm em vista e elaboram certos ritos próprios aos seus meios culturais apoiando-se em elementos dos ritos particulares existentes e explorando as características comuns às culturas e às religiões tradicionais africanas.

A teologia teria interesse em verificar como as dimensões corporais e espirituais de cada povo são integradas na liturgia, quer por cantos e instrumentos que exprimem bem a alma do povo, quer, em certos contextos, pela dança sacra, que permite entrar em relação com Deus com a totalidade do ser. A liturgia é, por excelência, o lugar da reapropriação de símbolos culturais fundamentais. Dessa maneira, o Evangelho não elimina todas as práticas religiosas de um povo, mas as evangeliza. O fato de ser uma comunidade reunida ao redor da Eucaristia, engajada no seguimento de Jesus Cristo morto e ressuscitado, torna essa comunidade viva e apta à inculturação.

Todavia, a *Sacrosanctum Concilium* não dá lugar suficiente à religiosidade popular, contentando-se em utilizar a categoria dos *pia exercitia* (SC 13). Enquanto certas iniciativas promovidas pela hierarquia eclesial têm pouco sucesso, a religiosidade popular está constantemente presente. Podemos, por isso, considerar que, em diversos países, a religiosidade traduz o sucesso da inculturação do catolicismo. Os bispos latino-americanos a valorizaram e promoveram em Puebla (cf. Puebla, 1979). Na esteira do Papa Paulo VI, o Papa Francisco a valorizou igualmente em sua exortação apostólica *Evangelii Gaudium* (122-126). Entretanto, é verdade que, muitas vezes, as formas tradicionais da religiosidade popular não convêm mais a novas gerações. Apesar disso, a religiosidade popular pode ainda ser reconhecida como uma expressão do *sensus fidelium*.

O que se manifesta na religiosidade popular e nas práticas rituais populares pode ser apenas "superficial" ou "aparente", especialmente na Ásia e na África. Realmente importante é o encontro das mentalidades que foram formadas e cultivadas pelas tradições religiosas e as culturas antigas, com aspirações e desejos mais profundos dos povos, isto é, uma vida pacífica, tranquila, harmoniosa, cheia de amor e eternamente abençoada por Deus. A inculturação da fé cristã na cultura da religião popular na Ásia exige atenção contínua às aspirações profundamente religiosas do povo. Nesse sentido, a questão da inculturação pede uma pesquisa aprofundada nas religiões tradicionais.

Ao mesmo tempo, a teologia, especialmente na Ásia, poderá oferecer um outro serviço às práticas eclesiais. Dada a imbricação das heranças cultural e religiosa, inextricavelmente ligadas, mesmo na esfera eclesial, elas exercem uma influência profunda sobre o *ethos* de um povo, e pode haver um fenômeno de absorção da mensagem cristã pelos povos sem que a Boa-Nova da salvação produza seus efeitos. Um trabalho de discernimento deve ser feito para não cair num ritualismo que pare na observância dos ritos, sem interiorização e sem trazer a prática da caridade nem a transformação da sociedade. Convém ser vigilante diante do *risco da assimilação* pela cultura religiosa.

Um novo método: a articulação entre pastoralidade e doutrina

Os discursos dos papas dos tempos modernos, com um notável cuidado pastoral – como Roncalli e Bergoglio –, mostram o frescor sempre atual deste novo estilo de ministério de anúncio, estilo que deve ser retomado pela teologia em sua tarefa de atualização da mensagem evangélica. Com efeito, a teologia, enquanto discurso segundo, é ligada à *inspiração pastoral*, sem deixar de prosseguir em suas análises críticas da expressão do acontecimento da salvação segundo o contexto da modernidade tardia. A inspiração pastoral deve ser o vetor do processo da inculturação.

A relação intrínseca entre "doutrina e pastoral" muda o próprio estatuto da teologia, a qual não é mais compreendida como uma ciência exclusivamente dedutiva, mas como uma disciplina de pensamento animada por um método indutivo-dedutivo, uma reflexão de fé constitutivamente interdisciplinar, histórica e socialmente situada. Quando esse novo método foi aplicado, as frases iniciais da *Gaudium et Spes* – "as alegrias e as esperanças, as tristezas e as angústias dos homens" – inspiraram uma dinâmica que determinou a forma de pensar, crer, agir e celebrar da Igreja. Daí a importância da tarefa criadora da expressão da fé que não pode mais ser promulgada do alto porque deve se construir a partir de inumeráveis experiências.

A relação intrínseca entre doutrina e pastoral – e entre catolicidade e contextualidade – é o motor para repensar a teologia que está ainda longe de integrar as novas experiências na sua difusão culturalmente policêntrica. O desafio fundamental é libertar a teologia de um universalismo abstrato, fazendo uma mudança epistemológica em relação aos paradigmas precedentes, e dotá-la de um princípio metodológico que, fundamentado no testemunho bíblico, concede pleno direito, ao mesmo tempo, à pastoralidade e à tradição da fé.

É preciso, finalmente, permanecer sempre atentos aos desafios da exclusão, a partir das experiências vividas pelos mais *marginalizados* da sociedade e da Igreja. O primado da salvação deve ser reinterpretado segundo a escolha de Deus pelos pobres e excluídos de todos os tempos, como acontece desde o tempo de Abel, o justo. É mais provável ser aí que Deus habita. E se as disciplinas teológicas têm por tarefa buscar e tentar compreender a vontade de Deus, essa tarefa já produz uma predisposição a se aproximar de uma opção preferencial pelos pobres. A Igreja é, pois, chamada a forjar uma teologia que indique claramente caminhos de *libertação* para que todo homem e toda mulher, de "todos os povos, tribos, línguas e nações", entre no Reino e encontre sua dignidade de filho(a) de Deus.

Conclusão

A concepção antropológica do *ser em relação*, do *ser como dom*, torna possível um *policentrismo* em relação, onde cada povo, enraizado na própria história e considerado como um centro autêntico, é chamado a entreter uma relação reconciliada com os outros "centros", reconhecidos como diferentes e como dons em vista de uma fecundação recíproca. O *reconhecimento* da *diversidade irredutível* dos povos e das pessoas como dom, dom que é vocação, poderia conduzir à unidade autêntica do gênero humano. Sem isso, a humanidade permanecerá fechada nas realidades monocêntricas fragmentadas.

Com efeito, diversidade e unidade são os dados e os desafios da Igreja de hoje, composta de homens e de mulheres, de culturas, de línguas e de carismas diferentes. Institucionalmente, a Igreja Católica tem, no papa, o símbolo visível de uma unidade que abraça e celebra a diversidade que é a Igreja através do mundo. Para promover e proteger sua pluralidade, o papel das Igrejas locais, primeiros sujeitos da inculturação, torna-se decisivo. A figura do poliedro, cara ao Papa Francisco, explica-o de modo gráfico: ele "reflete a confluência de todas as partes que nele mantêm a sua originalidade [...] Ali entram os pobres com a sua cultura, os seus projetos e as suas potencialidades" (EG 236). Assim, a fé cristã, com os olhos voltados para Jesus Cristo e o coração aberto a um mundo plural em busca de unidade, nos leva a confessar que é pelo *enraizamento* radical e o *dom recíproco* de cada singularidade que a *comunhão* das pessoas, das culturas e dos povos encontrará o *caminho* para sua plena realização.

CAPÍTULO 4

TRABALHAR NA CONSTRUÇÃO DE UMA CULTURA DE PAZ

> Num mundo marcado pela Guerra Fria, pela descolonização e pelas divisões confessionais, o Vaticano II provocou, na sua época, certos avanços, encorajando a reconciliação e a paz. Por causa das mutações atuais da violência, a que a Igreja está convocada hoje:
> - no plano antropológico (relação com a criação, rejeição dos pobres, dos emigrantes e dos marginalizados);
> - no plano teológico (a reinterpretação do Evangelho e das Escrituras – no contexto de diálogo ecumênico e de encontro entre religiões); e
> - no plano eclesial (o exercício do poder na Igreja)?

1. Introdução

O esforço de ter em vista a situação do mundo moderno é um dos traços constitutivos do Concílio Vaticano II, articulado de maneira diversificada nos textos conciliares, como é o caso na seguinte passagem da *Gaudium et Spes*:

> A humanidade vive hoje uma nova fase da sua história [...]. Nunca o gênero humano teve ao seu dispor tão grande abundância de riquezas, possibilidades e poderio econômico; e, no entanto, uma imensa parte dos habitantes da terra é atormentada pela fome e pela miséria, e inúmeros são ainda analfabetos. Nunca os homens tiveram um tão vivo sentido da liberdade como hoje, em que surgem novas formas de servidão social e psicológica. Ao mesmo tempo que o mundo experimenta intensamente a própria unidade e a interdependência mútua dos seus

membros na solidariedade necessária, ei-lo gravemente dilacerado por forças antagônicas; persistem ainda, com efeito, agudos conflitos políticos, sociais, econômicos, "raciais" e ideológicos, nem está eliminado o perigo de uma guerra que tudo subverta (GS 4).

O mandato do Concílio de confrontar as realidades contemporâneas com uma mensagem de reconciliação e de paz ressoou nas comunidades católicas pelo mundo todo. É verdade que o catolicismo já se havia tornado uma fé mundial no momento da modernidade nascente, na grande época das missões. Espalhado em todo o mundo, o catolicismo foi muitas vezes caracterizado pela maneira como os missionários o tinham concebido em seus países de origem. Entretanto, pouco a pouco os missionários tomaram consciência de que os países onde exercem suas atividades tinham suas próprias sensibilidades e valores culturais. Isso levou, em numerosos lugares, a tentativas prudentes de adaptação do catolicismo às necessidades locais. Foi o que aconteceu com as reduções jesuíticas na América Latina, as missões de Ricci e de Verbiest na China, o interesse do Padre Plácido Tempels por uma melhor e mais profunda compreensão da filosofia bantu etc. Mas foi nos anos 1960 e seguintes que essa dimensão mundial tornou-se realidade viva e espalhada, movimento estimulado ao mesmo tempo pelo Concílio Vaticano II e pelas novas mídias das telecomunicações. Por outro lado, o processo de descolonização, começado depois da Segunda Guerra Mundial, teve grande influência na autocompreensão de numerosas comunidades católicas no hemisfério sul. O impacto do Concílio prolongou-se através de vários movimentos sociais, na América Central e do Sul. Pressupondo a bênção do Concílio, as alianças entre os católicos e os progressistas sociais favoreceram a teologia da libertação e a oposição aos governos autoritários, entre os quais alguns eram sustentados pelas hierarquias eclesiásticas nacionais, o que teve como resultado a violência de Estado contra os padres, os religiosos e os trabalhadores leigos. Homens da Igreja, como Dom Helder Camara, tentaram encarnar a opção do Evangelho pelos pobres em sua própria vida e na das comunidades das quais eram responsáveis. Os católicos africanos interpretaram o Concílio como uma aprovação das formas distintivas da teologia e do culto africano no contexto pós-colonial e pós-missionário mais amplo, o que levou a movimentos de "inculturação" ou de "indigenização" que acabaram por ter um impacto sobre a prática católica em outros lugares. Uma experiência como o rito "zairense", iniciado pelo Cardeal Malula, poderia ser considerada como uma tentativa bem-sucedida de catolicismo "africanizado". Na Ásia, grandes populações budistas, hindus e muçulmanas revelaram a urgente necessidade de novas formas de diálogo inter-religioso. Durante sua visita à Índia, em 1964, Paulo VI apresentou-se a si mesmo como um papa preocupado com a sorte dos pobres. Nas décadas que se seguiram ao encerramento do Concílio, os teólogos fizeram grandes esforços a fim de integrar o catolicismo, de modo apropriado, nas ricas culturas asiáticas com suas tradições antigas. A esse respeito, pode-se pensar em J. Dupuis e em A. Pieris, para ficarmos só nesses dois nomes. Na Europa Ocidental, movimentos sociopolíticos estabeleceram com sucesso os direitos das mulheres e, ao mesmo tempo, liberalizaram o aborto e o divórcio, o que contribuiu para aprofundar o fosso entre a Igreja e uma parte sempre maior da sociedade. Alguns desses desenvolvimentos conduziram a graves preocupações a respeito da secularização entre os católicos da Europa e mais longe, até mesmo na América do Norte. Mesmo se o conceito de "secularização" encontra atualmente fortes críticas, ele contribui sempre para explicar a crise nessas regiões e para compreender os enormes desafios aos quais as comunidades são confrontadas, tanto no plano institucional quanto no âmbito da vida pessoal dos indivíduos. Ao mesmo tempo, os líderes católicos de todos os continentes uniram forças com os responsáveis de outros grupos religiosos – e com aqueles que não professavam nenhuma religião – para causas comuns como a fome, a pobreza, a doença, os conflitos internacionais e a ameaça de uma guerra nuclear.

Hoje, a humanidade se confronta com uma nova forma de violência que surgiu conjuntamente com o processo de globalização; com efeito, ela é amplamente percebida como intrinsecamente ligada a este processo. A "nova" violência compreende as estruturas de pobreza, ligadas ao crescimento das economias e das sociedades transnacionais, ao aumento maciço da migração, por causa dessas realidades econômicas e dos conflitos geopolíticos, e às ameaças que pesam sobre a própria sobrevivência da terra como lugar propício à habitação humana. Os grupos religiosos contribuíram para responder a essas graves preocupações, mas, igualmente, deram origem a novos conflitos e divisões.

De fato, a religião é frequentemente utilizada para outros fins. Tal instrumentalização pode ser direta ou indireta, por exemplo, quando cristãos ou outros fiéis de países democráticos participam da corrida armamentista ou da exploração dos recursos dos pobres e das tribos no contexto da globalização e lançam mão da violência contra aqueles que se opõem a isso violentamente. As estruturas patriarcais, que exploram as mulheres no quadro da família e da sociedade, têm, às vezes, um fundo religioso. Além disso, todas as religiões são tentadas pelos conceitos de verdade fixa e absoluta (baseados em hipóteses contestáveis do ponto de vista epistemológico), sem abertura ao outro, o que pode trazer a rejeição de outrem e a utilização da violência. Há também a violência do Estado, que tem, muitas vezes, interesses particulares a defender, contra os indivíduos e as minorias ou pessoas marginalizadas, esmagadas em seus direitos. Outras causas de violência são antropológicas e culturais. Por exemplo: a dinâmica do bode expiatório ilustrada por René Girard. Nessa dinâmica, os grupos têm necessidade de criar artificialmente inimigos, e a violência é considerada como uma necessidade para proteger o grupo dominante dos grupos minoritários.

Além disso, discórdias persistem mesmo entre fiéis de uma mesma confissão, como deplorou o Papa Francisco: "Dentro do Povo de Deus e nas diferentes comunidades, quantas guerras!" (EG 98). Enquanto a situação do mundo evoluiu, a necessidade de a Igreja ser um instrumento de reconciliação e de paz é mais atual do que nunca. Tal situação representa, ao mesmo tempo, um desafio e uma ocasião contínua, meio século após o encerramento do Concílio Vaticano II.

Entretanto, convém sublinhar que, muitas e muitas vezes, as religiões, enquanto tais, e as tradições religiosas no seio dessas religiões fizeram numerosos esforços a fim de resistir às tentações mencionadas anteriormente e de contribuir com o processo de paz e de desarmamento. Sobre isso, convém mencionar os projetos de diálogo e de educação, tais como os desenvolvidos na África por muçulmanos e cristãos, resistindo à violência do Boko Haram. O movimento das Mães da Paz tenta desenvolver processos de paz por todo o mundo, baseando-se no cuidado do próximo, inspirado por convicções religiosas.

Para promover esses esforços, é necessário desenvolver um olhar lúcido para a situação da humanidade, ouvir novamente, nesse contexto, a própria voz de Deus e interrogar-se sobre a Igreja e seu consentimento no que ela vê e ouve.

2. A situação da humanidade

A situação da humanidade, cinquenta anos após o Concílio, é caracterizada pela sorte das vítimas sistêmicas da globalização. Dado que a identidade cristã implica uma relação original ao outro e, em particular, a disposição de mudar o modo de olhar para aqueles que são desprezados quando buscam seu direito à vida e à diversidade, convém desenvolver a capacidade de olhar e de escutar as vítimas – quaisquer que sejam, aliás – com compaixão e defendê-las ativamente, sendo esse o preço da descoberta do objetivo fundamental de todo conhecimento humano.

A persistência da redistribuição injusta dos bens para alguns e dos fardos para o maior número – um estado de desigualdade encarnado pelo fosso que separa os que gozam, ainda por cima, dos cuidados de saúde e da segurança, dos capitais financeiro, eclesial e social, da massa dos pobres – continua insuportável na sociedade e na Igreja. Alguns problemas específicos de injustiça merecem grande atenção em nossos dias, tais como a distribuição desigual dos bens materiais, as atitudes e o tratamento discriminatório de grupos sociais particulares, o protagonismo das mulheres na Igreja e na sociedade, o trabalho das crianças. Muitas vezes são os membros das comunidades locais os responsáveis por essa injustiça deplorável. Essa situação se manifesta, sobretudo, pelos maus-tratos das castas "inferiores" na Índia e pelas injustiças nas antigas colônias. Mecanismos de poder, de corrupção e de conluio continuaram a existir após a descolonização, tornando evidente, assim, que a fonte dessas situações injustas deve ser procurada no egoísmo da humanidade.

Essas preocupações refletem e alargam a visão global do Vaticano II sobre a situação da humanidade. A esse respeito, é útil considerar que, se o mundo de hoje fosse proporcionalmente reduzido a uma aldeia de cem pessoas, haveria cinquenta e um homens e quarenta e nove mulheres. Sessenta pessoas seriam asiáticas; catorze, africanas; catorze, americanas; onze, europeias; e uma pessoa seria australiana ou neozelandesa. Em tal aldeia, catorze pessoas teriam por língua materna o mandarim; cinco, o inglês; cinco, o espanhol; três, o hindi; três, o português; três, o bengali; duas, o russo; duas, o japonês; uma, o árabe; e uma, o alemão. As sessenta e uma outras pessoas falariam uma variedade de outras línguas. Do ponto de vista da fé, trinta e três pessoas seriam cristãs; vinte, muçulmanas; catorze, ateias, agnósticas ou sem religião; treze, hindus; treze, de outras religiões; seis, budistas; e uma, judia. Fazer da terra uma casa acolhedora e pacífica para os diversos membros da família humana é um dos desafios persistentes desta aldeia global e do Concílio Vaticano II.

Hoje, a distância entre ricos e pobres é maior que nunca. Com efeito, convém lembrar que, por ocasião do Concílio Vaticano II, John Norris tenha criticado veementemente o enorme fosso entre ricos e pobres. Cinquenta anos mais tarde, a situação se agravou. O lado luminoso da realidade é que, nos últimos anos, o nível de vida de mais da metade dos habitantes da terra melhorou, e o lado sombrio é que metade da aldeia planetária vive ainda em extrema pobreza. A diferença da renda entre os países mais ricos e os mais pobres era de 3 para 1 em 1820, de 11 para 1 em 1913, de 35 para 1 em 1950, de 44 para 1 em 1973 e de 72 para 1 em 1992. Em nossa aldeia global de cem pessoas, os recursos pessoais são também repartidos desigualmente. A pessoa mais rica da aldeia possui tanto quanto as cinquenta e sete pessoas mais pobres juntas. Cinquenta pessoas não têm a alimentação garantida e têm fome todo o tempo ou uma parte do tempo, e trinta pessoas sofrem de desnutrição. Quarenta pessoas não têm acesso a instalações sanitárias adequadas e trinta e uma pessoas não são adequadamente alojadas. Trinta e uma pessoas não têm acesso à eletricidade e dezoito são analfabetas. Quinze pessoas não têm acesso à água potável. Somente dezesseis pessoas têm acesso à Internet. Só doze possuem automóvel. Três estão em migração, e somente duas têm educação de nível superior. No conjunto, dezenove pessoas lutam para sobreviver com um dólar ou menos por dia e quarenta e oito pessoas tentam viver com dois dólares ou menos por dia.

Dito isso, por toda a terra movimentos pertencentes a tantas confissões religiosas continuam a protestar, a sustentar os pobres, a desenvolver programas educativos, sociais e culturais. Num mundo caracterizado pela *dor e pelas lágrimas*, muitos continuam a trabalhar pela alegria e pela esperança entre os marginalizados. Considerando os números propostos acima, é simplesmente maravilhoso ver que muitos continuam a sustentar os pobres, contra toda esperança.

Os migrantes

Embora a migração exista desde o começo dos tempos, seu alcance e sua amplitude não têm precedentes. Sendo um dos fenômenos mundiais mais determinantes do nosso tempo, a migração atinge proporções dramáticas. São 740 milhões de migrantes internos e 232 milhões de migrantes internacionais. Em 2012, cerca de 45 milhões de migrantes foram desenraizados à força, incluindo 15,4 milhões de refugiados e 29 milhões de pessoas deslocadas no interior de seu país. Só em 2010, 42 milhões de pessoas foram deslocados por causa de catástrofes naturais. Os fluxos migratórios incluem aqueles que atravessam as fronteiras sem documentos e os apátridas. Hoje, por exemplo, estima-se que há 40 milhões de pessoas migrantes irregulares, e até 4 milhões atravessam as fronteiras sem documento a cada ano. Até 5 milhões de pessoas na Europa e 12 milhões nos Estados Unidos são imigrantes irregulares. Segundo todas as projeções, o número de migrantes de todos os tipos vai aumentar de maneira significativa – se não exponencial – nos próximos anos.

Há diferentes fatores que levam as pessoas a emigrar. As violações dos direitos humanos, o fracasso do Estado de Direito, o colapso dos governos, as assimetrias da riqueza, as condições econômicas geralmente ruins e a fraqueza dos sistemas judiciários são alguns tantos motivos que levam as pessoas a deixar os seus países de origem. O tráfico de seres humanos é a causa principal do movimento dos povos e ainda está em plena expansão. O primeiro princípio do ensinamento social católico sobre as migrações – que propõe um ideal – quer que as pessoas tenham o direito de permanecer nos seus países de origem. Mas, para muitos, ficando em casa é difícil, até impossível, viver com dignidade.

As pessoas assumem sua responsabilidade: os riscos assumidos por um grego a fim de salvar a vida de fugitivos foram manchetes em todo o mundo. O engajamento do bispo de Agrigento, por ocasião da tragédia de Lampedusa, suscitou o reconhecimento unânime em todo o mundo. O modo como as mulheres do México resistem à violência é um símbolo de esperança em tempos de desespero.

A relação com a criação

Pouco importa a maneira pela qual se avalia: a temperatura média mundial, o nível dos mares, a espessura do gelo do Ártico, a cobertura florestal –, a atividade humana é a causa de mudanças climáticas no âmbito mundial. No plano ambiental, a injustiça é muito espalhada, com nações e comunidades mais pobres carregando de maneira desproporcional o fardo dos efeitos da mudança climática. Essas tensões continuam a aumentar à medida que os governos e outras entidades se propõem responder, e respondem efetivamente, às catástrofes naturais, exacerbadas pelas mudanças climáticas. Neste planeta com recursos limitados, os povos mais pobres continuarão a assumir o maior choque de destruição do ambiente, que favorece, muitas vezes, os ricos e os opulentos. Os Papas João Paulo II e Bento XVI se preocuparam com a ecologia e o meio ambiente, pois a questão da sobrevivência do planeta se torna cada vez mais urgente, e o Papa Francisco publicou uma notável encíclica que trata do meio ambiente. Não é exagerado dizer que, se vários percebiam o risco de guerra nuclear como a maior ameaça para a humanidade no momento do Vaticano II, a maior ameaça, hoje, é a destruição do meio ambiente. Nesse sentido, é espantoso e irritante ver que os movimentos verdes não chegam a obter um real poder político nos lugares onde as decisões a longo prazo são tomadas.

3. Ouvir a voz de Deus hoje

No plano internacional, os teólogos desenvolveram, durante o período pós-conciliar, um vivo interesse pela questão do encontro do Evangelho com o mundo e com a cultura e pelo estudo das necessidades mais urgentes da Igreja de hoje. Nada surpreendente, se se leva em conta a ênfase dada ao Evangelho, à cultura, e ao mundo inteiro nos documentos do Vaticano II, sobretudo em *Lumen Gentium*, em *Ad Gentes* e em *Gaudium et Spes*, assim como o interesse considerável pela dinâmica entre o Evangelho e a cultura durante o meio século que sucedeu ao encerramento do Concílio. Nas palavras muitas vezes citadas do Papa Paulo VI, "a ruptura entre o Evangelho e a cultura é sem dúvida o drama da nossa época, como o foi também de outras épocas" (EN 20). De maneira coerente

CAPÍTULO 4. Trabalhar na construção de uma cultura de paz

com o fervor consagrado a essa questão durante os últimos cinquenta anos, os teólogos sublinham, de várias formas, não só a necessidade de conhecer e de compreender a situação humana no mundo de hoje como também a urgência de ouvir a voz de Deus nesse contexto.

Ouvir a voz de Deus não significa unicamente aplicar os ensinamentos cristãos às realidades atuais. Exige igualmente a escuta de Deus, que fala através dos outros que não partilham a nossa fé. Como se observou no decorrer das discussões, devemos dar atenção particular à pluralidade das religiões, não só ao que o Cristianismo pode levar às outras religiões como também ao que o Cristianismo pode aprender com elas. Essa maneira de proceder precisará de uma teologia renovada que não se identifique com a apologética ou com a defesa da fé cristã, mas que seja radicalmente aberta aos outros e ao Deus das surpresas que fala através deles. Tal postura pode nos abrir a novas maneiras de compreender o caráter único de Cristo e ensinar-nos a não identificar a Igreja com o Reino, o qual é também exterior à Igreja, já que a percepção do Reino de Deus pede a cooperação dos outros.

Quais são as vozes às quais os teólogos, os chefes religiosos e os católicos engajados devem prestar atenção, hoje, para ouvir fielmente as inspirações de Deus em suas vidas e no mundo?

Os primeiros a serem ouvidos são nossos irmãos e irmãs separados, das outras Igrejas cristãs. O ecumenismo, que era um sinal central no Concílio e que continuou a sê-lo em seguida, está hoje travado, por fatores internos e externos que vão desde os temores intraeclesiais de perda de identidade católica até a resistência externa, como em certos países com maioria muçulmana.

Mas as vozes de outros parceiros devem igualmente ser ouvidas. O olhar positivo do Concílio para outras religiões está em ressonância com os esforços recentes para construir pontes entre o Cristianismo e o Islã, um parceiro de diálogo que recebeu um tratamento relativamente fraco nos documentos do Vaticano II. Esse diálogo terá uma importância vital para as relações inter-religiosas e humanas num futuro previsível.

Outro assunto que recebeu uma atenção relativamente limitada nos documentos do Concílio, as religiões tradicionais, suscita hoje mais interesse entre os teólogos e os pastores. O estudo e o engajamento dessas religiões têm, atualmente, consequências para o ministério pastoral e para compreender o sentido do próprio Evangelho, em particular nos contextos africanos.

Os teólogos são também chamados a ouvir Deus falar através dos "sem-voz", a saber, aqueles cuja voz é regularmente ignorada ou julgada insignificante: os pobres. Os marginalizados e os migrantes, que são também grupos muitas vezes relegados a uma posição insignificante. As mulheres permanecem igualmente membros de segunda classe na Igreja, na sociedade e na comunidade teológica. Outro grupo é o dos chamados "indignados", por causa do seu sentimento geral de serem subordinados aos caprichos e aos ditames dos mais velhos. Alguns jovens protestam contra tal tratamento, outros simplesmente se desengajam, como se pode observar nas diversas confissões, religiões e nos diversos continentes. A opção preferencial pelos pobres tem, talvez, vários sentidos, como numerosos teólogos e pastores adiantaram, mas um dos mais fundamentais é a necessidade de discernir a voz de Deus que fala através de pessoas marginalizadas como essas.

A experiência da escuta "múltipla" antes evocada conduz a compreender de novo a Boa-Nova como o Evangelho da reconciliação do mundo por Cristo. No entanto, um olhar honesto para nossas vidas pessoais e nossos relacionamentos nos confronta facilmente com realidades que contradizem essa visão. Desde o Vaticano II os católicos reconheceram progressivamente a necessidade de se ocupar das causas pessoais, sistêmicas e estruturais que geram e perpetuam os conflitos sociais. A busca cristã da concórdia humana implica o enfrentamento da dimensão estrutural do pecado. Isso remete à concretização, à acumulação e à expressão de pecados pessoais e sociais (por exemplo: a cobiça, o egoísmo, a indiferença) nas instituições sociais permanentes e, logo, à maneira pela qual as instituições culturais e jurídicas, assim como as estruturas socioeconômicas e políticas, podem gerar conflitos e perpetuar a injustiça.

A preocupação cristã pelo bem comum atrai a atenção para a noção de justiça reparadora como uma compreensão da justiça que converge para os princípios do reino escatológico de Deus. Contrariamente à justiça punitiva, a justiça reparadora compreende o conflito como a ruptura das relações entre os delinquentes, as vítimas e a comunidade, e valoriza, assim, a reconstrução dessas relações com a participação de todos os que são implicados. O que não significa que a justiça reparadora exclui necessariamente a obrigação para os delinquentes de assumir a responsabilidade dos seus atos ou mesmo a necessidade de fazer uma indenização ou de efetuar reparações. O processo de reconciliação comporta três momentos interdependentes: o desvelamento em verdade dos acontecimentos e das fontes de conflito; uma expressão da justiça que responde às reivindicações das vítimas e procura construir uma ordem socioeconômica mais harmoniosa; e o perdão necessário para restaurar a vida comunitária e construir um futuro diferente. Como observou João Paulo II, "o perdão não se opõe de modo algum à justiça, porque não consiste em diferir as legítimas exigências de reparação da ordem violada; mas visa, sobretudo, àquela plenitude da justiça que gera a tranquilidade da ordem, a qual é bem mais do que uma frágil e provisória cessação das hostilidades, porque consiste na cura em profundidade das feridas que sangram os corações. Para tal, ambos, a justiça e o perdão, são essenciais" (João Paulo II, "Mensagem para o Dia Mundial da Paz", 2002, n. 3). Uma cura que é necessária ao mesmo tempo para a restauração de nosso coração e das nossas coletividades.

Outra dimensão do contexto no qual a fé é vivida e proclamada hoje é a secularização manifesta das sociedades contemporâneas, sentida particularmente na Europa, onde se fala da condição secular da fé. Isso produziu uma nova situação no mundo ocidental: um contexto cultural sem precedente em que as condições da fé vivida e da evangelização nos tempos seculares são inéditas, e em que a crise da fé é central.

Nos trabalhos de Charles Taylor e de José Casanova, três aspectos da secularização podem ser identificados: a) a retirada da religião do espaço público; b) a diminuição da crença religiosa e da prática; e c) as mudanças nas condições da crença ligadas ao aparecimento de uma alternativa humanista. Esses autores examinaram igualmente as estratégias para pensar a evangelização num ambiente secularizado, sublinhando o sucesso e os limites do que poderia ser considerado como uma abordagem "contracultural" a respeito da sociedade em geral e das suas normas e valores. Esses autores exploraram dimensões importantes – cognitivas, volitivas, práticas, emocionais – de uma teologia da fé, propondo a via do testemunho que pode efetivamente evangelizar no novo contexto secular.

Não é surpreendente que a questão de saber como ouvir a voz de Deus hoje, e a questão conexa, relativa à maneira de inculturar o Evangelho nos contextos locais (até mesmo secularizados), continuem a ser domínios em que discussões prosseguem e onde desacordos consideráveis se exprimem, cinquenta anos após o fim do Concílio. Diga-se de passagem que a maior parte dos desacordos está ligada às opções que as pessoas assumem a respeito dos pobres e dos oprimidos, ou em favor dos poderes vigentes. Nesse sentido, não se deve esquecer que os governos não democráticos na América Latina, na Europa Oriental e na África do Sul, entre outros, oprimiram muitas pessoas, e que foram sustentados por todas as confissões religiosas e as ideologias irreligiosas. Em outras palavras, a ideia de Agostinho de uma natureza viciada afeta claramente todos os seres humanos, e ninguém se deveria gloriar de suas próprias obras.

CAPÍTULO 4. Trabalhar na construção de uma cultura de paz

Os princípios de base, formulados pelo Vaticano II, permanecem, pois, os mesmos: deveríamos ser profundamente apegados ao relacionamento pessoal com Jesus Cristo, encontrado através da comunidade chamada Igreja, e, ao mesmo tempo, abertos a ações espontâneas e imprevisíveis do Espírito Santo nas pessoas marginalizadas, nas outras religiões e no mundo ao nosso redor. A prática de tais princípios, entretanto, não é fácil. Numerosas tensões se produziram em casos específicos, da Índia à África ou ao Oriente Médio, como prova o período pós-conciliar. As relações entre unidade e diversidade, entre autoridade central e liderança e costumes locais, entre fé comum e expressões culturalmente condicionadas indicam, se for o caso, os desafios diante de nós. O fato de acrescentar a dimensão de implicar pessoas de outras religiões ou até sem nenhuma religião complica ainda mais a tarefa de procurar ouvir a voz de Deus e de viver o Evangelho numa situação concreta.

O Concílio Vaticano II colocou a Igreja no caminho audacioso do discernimento sobre o modo como a verdade intemporal do Evangelho se encarna e se exprime melhor nas comunidades e situações concretas. A inculturação comporta vários desafios: ouvir a voz de Deus nos "outros" é mais necessário que nunca, e viver e proclamar o Evangelho no mundo de hoje continua sendo um constante desafio. Enfrentar tais desafios com entusiasmo faz parte do trabalho sempre em curso do Concílio na vida da Igreja e do mundo. O apelo a reinterpretar o Evangelho no contexto de hoje faz eco a uma passagem importante da *Dei Verbum*:

> Em virtude desta revelação, Deus invisível (cf. Cl 1,15; 1Tm 1,17), no seu imenso amor, fala aos homens como a amigos (cf. Ex 33,11; Jo 15,14-15), e conversa com eles (cf. Br 3,38) para os convidar e admitir a participarem da sua comunhão. Esta economia da revelação faz-se por meio de ações e palavras intimamente relacionadas entre si, de tal maneira que as obras, realizadas por Deus na história da salvação, manifestam e corroboram a doutrina e as realidades significadas pelas palavras (DV 2).

O Concílio chama, assim, a nossa atenção para a revelação de Deus, sua presença no mundo, e para a nossa resposta a essa revelação. Somos chamados a discernir os atos e as palavras de Deus no nosso contexto caracterizado pela irrupção das pessoas marginalizadas na história humana, pelo diálogo ecumênico, pelo encontro das religiões, e pelo aumento da secularização. Somos igualmente chamados a sempre nos lembrar de que as palavras de Deus no mundo têm uma "unidade interior" e são coerentes com o testemunho bíblico e com tudo o que Deus nos revelou. Sobretudo, somos chamados a entrar em relação com Deus, que, no seu imenso amor, nos fala como a amigos, vive entre nós, e convida-nos a entrar em comunhão com ele e com o nosso próximo. Essa ideia, por mais evidente que pareça aos cristãos, deveria tornar-se cada vez mais a mola maior dos processos sociais, processos nos quais numerosas instituições e movimentos não confessionais devem ter uma palavra a dizer. Com efeito, se, no sentido das intuições de João XXIII e com base nos documentos do Vaticano II, os fiéis querem se engajar num programa contínuo de renovação, muita formação lhes é necessária.

4. Renovar a Igreja

A tarefa do Concílio Vaticano II de operar a renovação da Igreja e de realizar a renovação da missão da Igreja no mundo suscitou uma resposta coletiva durante o último meio século. Diferentes respostas foram buscadas e encontradas em função dos diferentes contextos e necessidades culturais. Contudo, um sentimento de urgência faz-se ainda sentir entre os teólogos se se quer responder às crises que a Igreja enfrenta hoje e, sobretudo, estar à altura da situação atual da humanidade e do que, no dia a dia, ouvimos Deus nos dizer.

Em geral, os grandes problemas que a Igreja agora enfrenta não são novos, mas se encontram nos debates mais amplos sobre o Concílio Vaticano II e sua aplicação. Um certo número de assuntos deveria, todavia, ser colocado em evidência:

CAPÍTULO 4. Trabalhar na construção de uma cultura de paz

- O desafio de viver e de anunciar a fé num mundo fortemente pluralista, caracterizado pela diminuição do número de católicos (não só na Europa Ocidental ou na América do Norte como também, por exemplo, no Brasil), e a necessidade de uma catequese mais eficaz para aqueles que permanecem apegados à Igreja e à fé católica.
- A necessidade de uma catequese eficaz não só para aqueles que são apegados à Igreja como também um programa de catequese para os diferentes grupos de idade e as diferentes categorias de pessoas. Uma telecatequese deve, ainda, além de ser desenvolvida no quadro "seguro" do mundo universitário, concretizar-se na base. Nesse sentido, as abordagens catequéticas da "base" provaram sua força em certos contextos e deveriam ser mais encorajadas e desenvolvidas. A esse respeito, o diálogo e a troca de informação é uma necessidade entre os católicos: nós podemos aprender com os sucessos e os fracassos de uns e de outros.
- O obstáculo que representam o eurocentrismo (ao mesmo tempo no Concílio e após) e sua herança colonial para a vida eclesial e a inculturação autêntica da fé está sempre presente. Por isso, mesmo nos continentes onde posições de liderança foram assumidas pelas populações autóctones, os desafios continuam mais ou menos os mesmos.
- As tensões entre carisma e autoridade no exercício do poder na Igreja são tão antigas quanto a existência do Cristianismo, mas os católicos não parecem desenvolver uma grande sensibilidade aos desenvolvimentos atuais de estratégias de gestão relativas à interação harmoniosa entre carisma e autoridade.
- As lutas das mulheres pela dignidade e participação na Igreja e na sociedade continuam a tarefa mais difícil das confissões cristãs no século XX, e é preciso admitir que, ao menos nesse dossiê, a Igreja Católica não exerce a liderança.
- A desaceleração ou a diminuição das relações ecumênicas e inter-religiosas e a sensibilização a respeito dessas questões.
- A necessidade de uma reação mais forte a novas realidades, tais como a revolução das comunicações e a crise do meio ambiente.

- A necessidade de uma linguagem pastoral (em oposição a uma linguagem estritamente doutrinal e abstrata) que encontre ressonância entre os fiéis católicos e aqueles que procuramos evangelizar. A esse respeito, é urgente desenvolver estratégias que levem em conta a diversidade das pessoas, das regiões, das culturas. Se o Cristianismo quer ser uma religião universal e "católica", deveria encarar seriamente as necessidades das comunidades locais, diversas quanto a suas situações.
- A necessidade de acentuar mais o papel e a missão pública da Igreja para com um mundo sofrido, sobretudo associando-se aos mais marginalizados, fará progredir, ao mesmo tempo, a renovação interna da Igreja e a equipará para esta missão.

Conclusão

A intenção específica deste capítulo era responder à seguinte questão: *Num mundo marcado pela Guerra Fria, pela descolonização e pelas divisões confessionais, o Vaticano II provocou, na sua época, certas superações, encorajando a reconciliação e a paz. Por causa das mutações atuais da violência, a que a Igreja é hoje convocada?* Em resposta a essa questão inicial, convém lembrar, primeiro, como o Concílio Vaticano II incitou os fiéis e as mulheres e os homens de boa vontade a saírem de sua zona de conforto em vista de encorajar a reconciliação e a paz. Poder-se-ia voltar aos documentos que tratam especificamente da missão da Igreja no mundo, tais como *Gaudium et Spes* e *Ad Gentes*, ou mesmo, talvez, *Dignitatis Humanae*, *Nostra Aetate* ou *Apostolicam Actuositatem*. De outro lado, na medida em que o Concílio conduziu os católicos (e os outros) a serem agentes de reconciliação e de paz, ele o fez através da experiência conjunta do acontecimento conciliar e de seus ensinamentos e esforços de renovação tanto dentro da Igreja como em suas relações com as outras confissões cristãs, as demais religiões e o resto do mundo. Do mesmo modo, se quisermos que a Igreja aborde a nova violência da situação atual, quer-nos parecer

CAPÍTULO 4. Trabalhar na construção de uma cultura de paz

que estes dois tipos de esforços de renovação, *ad intra* e *ad extra*, como os mencionados na lista citada, são essenciais.

Cinquenta anos após o Concílio Vaticano II, para que a Igreja possa ajudar a construir uma cultura de paz num mundo violento, é necessário imitar a abordagem do Concílio, que era abraçar o mundo ao redor de nós e responder a seus novos desafios à luz da fé. Isso implica novas avaliações da situação cambiante do mundo. Exige ouvir a voz de Deus, não só nas Escrituras e na Tradição viva da Igreja como também nos gritos de sofrimento e na sabedoria daqueles e daquelas que pertencem a outras tradições religiosas. As Escrituras são a herança comum de todos os cristãos. Elas são, portanto, ou deveriam ser, a fonte e a base da compreensão mútua entre eles. Nesse sentido, é preciso dizer que os cristãos de outras confissões estão igualmente muito implicados em projetos de promoção da paz. Por conseguinte, a colaboração com as outras Igrejas deveria chegar a iniciativas que promovam a paz. Nesse campo, um dos resultados mais importantes do Concílio Vaticano II é o estabelecimento de "Justiça e Paz", um movimento que desenvolveu centenas de iniciativas nos âmbitos local, regional, nacional, internacional e continental. Por causa da crescente tomada de consciência, entre todos os cristãos, da importância do diálogo inter-religioso, os cristãos devem desenvolver uma sensibilidade e um conhecimento do que está presente e é desenvolvido a respeito da promoção da paz em outras religiões. De qualquer modo, os cristãos em geral, particularmente os católicos, devem opor-se às ideologias que fazem a ligação da violência com uma religião específica, como se faz muitas vezes com o Islã. É uma necessidade urgente que os católicos, conforme o pedido feito em *Nostra Aetate* 2, § 4, promovam instrumentos pedagógicos e estratégias que desenvolvam uma estima profunda pela verdade e pelos valores presentes nas outras religiões, evitando também a linguagem depreciativa a seu respeito. Para favorecer o diálogo entre as diferentes tradições religiosas, é muito importante que os católicos conheçam suas próprias tradições e crenças a fim de desenvolver atitudes de respeito e de compreensão mútua. Nessa ótica de promover a colaboração ecumênica e inter-religiosa, a Federação das Conferências Episcopais da Ásia deu um notável exemplo tanto na prática como na teoria.

Dados os numerosos desafios com os quais somos confrontados, talvez seja essencial lembrar o adágio que surgiu na esteira do Concílio: "Não é tanto a Igreja que tem uma missão, mas a missão de Jesus Cristo é que tem uma Igreja para prolongar sua obra de salvação em todos os tempos e em todos os lugares". Tal declaração não oferece nada mais que um ponto de partida para a exploração contínua do modo como podemos, enquanto Igreja, continuar a viver do Concílio e incitar os fiéis a sair de suas zonas de conforto para que sejam embaixadores de reconciliação e de paz.

CAPÍTULO 5

O SERVIÇO DA TEOLOGIA HOJE

> A contribuição dos teólogos foi um traço característico do Concílio Vaticano II, uma vez que o Concílio podia apoiar-se em instituições fortes (universidades católicas, faculdades de Teologia e ordens religiosas). Cinquenta anos mais tarde, a teologia se encontra numa situação de fragilidade e de contestação. Para a fecundidade do serviço da teologia na Igreja e na sociedade, que prática da teologia, por quais sujeitos e em quais instituições:
> • no plano antropológico (qual é o seu lugar na cultura, dentro da sociedade, na universidade e no seio das ciências);
> • no plano teológico (na sua responsabilidade em relação à Palavra de Deus e à vida espiritual das comunidades cristãs); e
> • no plano eclesial (em sua relação com o magistério)?

Introdução

A contribuição positiva dos teólogos foi um traço característico do Concílio Vaticano II. Cinquenta anos mais tarde, quando o papel dos teólogos é contestado e fragilizado, é crucial refletir sobre as razões históricas que conduziram a essa situação e sobre a maneira de prosseguir a prática da teologia nesse contexto profundamente mudado. Para melhorar o serviço eclesial e ecumênico da teologia, devemos refletir sobre a questão de saber como, onde e por quem deveria ser praticada a teologia no presente e no futuro da Igreja.

Embora o decreto *Optatam Totius* comporte um desenvolvimento substancial sobre a teologia, a própria teologia não é objeto de nenhum documento conciliar, mesmo que o Concílio forneça várias sugestões em diversos documentos (cf. DV 24; GS 62; UR 9-11 e 17; OE 1; OT 13-21; AG 25-26; AA 32). Com efeito, por uma estreita colaboração entre os bispos e os teólogos, uma nova maneira de conceber e de fazer a teologia foi instaurada; ela foi considerada em seu serviço ao Povo de Deus, assim como em seu diálogo com a sociedade e com o mundo universitário. Seguindo os caminhos abertos pelo Concílio, nós nos concentraremos em cinco dimensões que parecem marcar o serviço da teologia hoje.

- *A teologia e o Povo de Deus.* Por causa da revalorização do *munus propheticum* de todo o Povo de Deus, a teologia tornou-se tarefa de todos os batizados, que se beneficiam coletivamente do *sensus fidei*. Enquanto esforço para enunciar a significação da fé, a teologia deveria estar sempre atenta a ouvir o Evangelho em diálogo com todo o Povo de Deus. Essa determinação fundamental inspirou vários modos de fazer teologia no seio do Povo de Deus. Assim, a teologia está a serviço da economia universal da salvação.
- *Contexto ecumênico e inter-religioso.* A atenção ao Evangelho e ao *sensus fidelium* seria hoje estéril sem o diálogo com as outras Igrejas e com todas as manifestações espirituais da humanidade.
- *Teólogas e teólogos.* Embora a compreensão da fé tenha sido dada a todos os batizados, o exercício da teologia é um carisma específico, concedido às mulheres e aos homens segundo a liberdade do Espírito; tal carisma necessita também de *expertise* científica. Cinquenta anos após o Vaticano II, esse carisma concedido pelo Espírito é limitado por sua inserção numa cultura clerical que define a função teológica.
- *A hermenêutica da expressão dos que creem.* A tarefa fundamental da teologia, enquanto expressão de um carisma profético, é interpretar a experiência dos que creem utilizando todos os recursos racionais contemporâneos a fim de discernir cotidianamente os sinais dos tempos.
- *A pluralidade e a unidade da teologia.* Da nova compreensão da maneira de fazer teologia decorre que seu exercício deve necessaria-

mente ser plural (pluralismo ecumênico e cultural). Dentro dessa diversidade — sempre suscetível de explodir — uma grande preocupação da teologia deve ser a expressão da unidade do mistério cristão.

Essas cinco dimensões da teologia seriam desenvolvidas nos três lugares onde é praticada: a universidade, a Igreja e a sociedade.

1. Qual é o lugar da teologia na universidade, na Igreja e na sociedade? Implicações antropológicas da prática desta teologia

Vamos, pois, tentar determinar o lugar da teologia na universidade, na Igreja e na sociedade. Nossa tese é que a teologia pertence a cada um dos três domínios e que ela continua e se tornará mais pertinente à medida que se situar na interseção desses. Além disso, a teologia compromete sua própria missão quando se identifica sem reserva com um só dos três domínios. E mais: a universidade, a Igreja e a sociedade podem beneficiar-se com a presença da teologia no seu seio, aceitando ao mesmo tempo que a teologia possa igualmente pertencer a outras esferas. Indo mais além, a teologia pode desempenhar seu papel unicamente à medida que não se retira de um desses domínios e que não ponha nenhum de lado quando opera no interior desse conjunto de tensões.

O serviço da teologia na universidade: o caráter científico da disciplina

A teologia se compreende como *scientia Dei*. Seu objeto é a realidade de Deus, à medida que ele se revela. Seu método se define como *fides quaerens intellectum*, a fé que procura compreender (a fé em busca de inteligência), ou a razão iluminada pela fé. "Ninguém jamais viu a Deus", diz o evangelista João (Jo 1,18). Sobre isso, os crentes, os ateus e os cientistas estão de acordo. Se Deus não faz parte da realidade mensurável, visível, tangível, então, como pode ser ele objeto da ciência? Além disso,

CAPÍTULO 5. O serviço da teologia hoje

a teologia supõe a fé: como pode ela pretender ainda ser uma ciência em busca de conhecimentos "imparciais"? Qual é a relação entre o crente e o saber científico? As questões que surgem são as seguintes: o que é "razoável", o que é "racional" e o que é "científico"? E ainda: não deveríamos esquecer que esses conceitos têm origens históricas. Todas essas questões entram em linha de conta quando se trata de discutir o caráter "científico" da teologia.

A teologia como ciência deve, de algum modo, mostrar que seus resultados são verificáveis, isto é, deve obter resultados que poderiam ser transferíveis para outras situações ou outros contextos segundo o princípio de analogia ou de proporcionalidade. Prova-se que isso é possível porque a verdade de Deus é verídica somente na sua plenitude; ou ela existe em sua plenitude ou não existe de jeito nenhum. Assim, a Revelação, como comunicação de Deus, conduz a humanidade a uma certa visão das coisas. A humanidade percebe que isso é significativo, verídico e certo, e, assim, a revelação de Deus nos ajuda a descobrir o que significa ser criatura e ser movido interiormente por Deus. Nesse contexto, a teologia aparece como a reflexão intelectual sobre a disposição existencial interior. Precisamente por isso, a teologia como linguagem – apontando para alguma outra coisa – não pode realizar-se senão num horizonte comum, como desdobramento de uma significação da existência; tudo isso acontecendo no seio da liberdade humana, mais que nunca inegável. É nesse sentido que a teologia obtém um caráter científico, que é universal quando se aplica a refletir sobre as opções fundamentais dos homens e das mulheres, opções que fazem apelo a uma significação que não é mais um objeto a construir.

A universidade é uma "casa" onde há muitas moradas. Como a ciência é um empreendimento pluralista, ela continua a desenvolver-se em múltiplas especializações. As ciências podem ser subdivididas em quatro grandes grupos ou famílias, a saber: as ciências humanas, as ciências exatas, as ciências técnicas e as ciências sociais. Certas pessoas questionam o estatuto científico das ciências humanas alegando os princípios e a presumida "falta" de método científico dessas ciências. As ciências humanas (e por implicação a teologia) podem ser qualificadas de "científicas"? Evidentemente, a resposta depende muito do que se entende por "ciência" e da maneira como a unidade e a diversidade da ciência são compreendidas. O modo de abordar o assunto depende de considerações, combinadas ou não, sobre o assunto da ciência e dos processos de aquisição dos conhecimentos. A questão é saber se há somente um objeto de estudo (a "matéria" na sua estrutura matemática, em outras palavras, um materialismo estrito) e, enfim, se um só método universal pode bastar (o método quantitativo matemático das ciências naturais) ou se se tem necessidade de outros métodos (os métodos hermenêuticos ou *verstehende*). Deveria ser igualmente claro que os teólogos escolhem a segunda opção. Em suma, a redução da racionalidade e da ciência às ciências positivas e ao saber verificável é simplesmente uma redução das capacidades da razão humana e do saber enquanto tal.

A interdisciplinaridade em teologia se exprime de dois modos. A teologia entra em conversação com outras ciências a fim de levar em conta suas descobertas e suas conclusões e a fim de refletir sobre as questões e os desafios que essas ciências apresentam à teologia. A teologia apresenta igualmente um amplo leque de interdisciplinaridade interna. Ele compreende as disciplinas bíblicas, históricas, sistemáticas e práticas, assim como a filosofia, que é fundamental para a compreensão dos modos tradicionais e atuais do pensamento. Contudo, não se deveria considerar os teólogos somente como especialistas no seu domínio de pesquisa respectivo, mas lembrar-se também da unidade da teologia nas suas diferentes disciplinas. A razão última dessa unidade reside no plano salvífico de Deus para o mundo e para toda a humanidade (cf. Ef 1,3-10; 1Tm 2,3-6), que é a expressão mais profunda da catolicidade.

A relação entre a teologia e as ciências religiosas apresenta um interesse particular. A colaboração entre os teólogos e os especialistas das ciências religiosas é necessária. Entretanto, é preciso considerar a diferença de abordagem entre as duas ciências: "A teologia trata da verdade de Deus e reflete sobre o assunto em função da fé e à luz de Deus, enquanto as ciências e os estudos religiosos tratam dos fenômenos religiosos e os abordam em função de interesses culturais, deixando de lado, em virtude de um pressuposto metodológico, a verdade da fé cristã. A teologia vai além das ciências e dos estudos religiosos porque reflete desde o interior da Igreja e de sua fé, mas pode também tirar proveito das pesquisas feitas pelas ciências e pelos estudos religiosos desde o exterior" (CTI. *Teologia hoje: perspectivas, princípios e critérios*, 83).

Até aqui, falamos da teologia como ciência, assim como da sua relação com as outras ciências no seio da universidade. Estamos bem conscientes de que se trata também de uma bênção para a teologia ter um lugar na interação das ciências na universidade. A questão é saber se a teologia tem, igualmente, uma contribuição particular a dar à universidade no seu conjunto, e a resposta é sim. A teologia pode, efetivamente, trazer uma contribuição à identidade da universidade. Se a universidade – enquanto comunidade acadêmica – é o lugar em que a realidade é examinada em profundidade, sendo ao mesmo tempo o lugar onde o desenvolvimento da humanidade e da sua cultura é o objeto principal de pesquisa, então a teologia poderia realizar a sua tarefa favorecendo a integração de toda a sabedoria. Conservando uma relação permanente e frutuosa com as outras disciplinas, a teologia poderia, de fato, ser extremamente útil na busca humana de sentido; a busca de um sentido à realidade. A reflexão teológica deve, igualmente, ser comprometida na busca da significação do saber, que está sempre em progressão.

Ao mesmo tempo, a teologia pode contribuir para a busca da integridade científica, que é hoje ameaçada em muitas partes do mundo (a fraude científica parece estar em alta, em parte por causa da forte concorrência entre os universitários e das crescentes exigências no que concerne às publicações científicas). Os cientistas e os estudantes devem estar determinados a salvaguardar a integridade científica como base e condição de uma autêntica cultura acadêmica. A integridade acadêmica, entretanto, não é garantida só por códigos e regulamentos como também por atitudes, tais como a honestidade, a humildade, a abertura à crítica e a moderação da ambição. No que diz respeito às atitudes, a doutrina das virtudes, clássica na tradição cristã, tem muito a contribuir. A boa ciência supõe o senso moral do científico, que muitas vezes é – mas não necessariamente sempre, é claro – associado à religião.

A teologia como *scientia Dei* (como fundamento e verdade última da realidade) nos lembra também de que a busca do "saber" científico não deve excluir (supostamente por exigências metodológicas científicas) a busca da "verdade", e ainda menos a questão de saber como a verdade, a bondade e a beleza (*verum, bonum et pulchrum*) interagem umas com as outras. Quando essas questões são banidas da universidade com base em supostos critérios científicos, então a universidade e a ciência falham em sua missão essencial e perdem a pertinência social. Uma universidade inspirada pela tradição católica não deveria ter nenhum tabu: nada é excluído como assunto possível de reflexão e de pesquisa, em particular as questões que concernem a nós profundamente enquanto seres humanos, mas tudo deve ser tratado de maneira objetiva e não ideológica. Se bem que a teologia não seja, evidentemente, a única ciência que se interessa pela "verdade", ela está antes de tudo preocupada com a questão da "significação" da vida, como, por exemplo: de onde viemos? Que deveríamos fazer? Qual é o nosso destino final? Sobre a relação entre verdade e sentido, muito pode ser dito, mas, no contexto da nossa argumentação, isso significa que a questão do sentido faz a questão da verdade voltar-se para a existência concreta da humanidade e da sociedade.

Assistimos, atualmente, ao problema da presença da teologia no quadro das universidades públicas e seculares. De um lado, a religião enquanto tal é colocada em questão tanto como fator de paz como de desenvolvimento da humanidade. De outro lado, o lugar da religião na universidade pública é questionado. Afinal de contas, o que é questionado é o papel da religião e, por conseguinte, da teologia no espaço público. A teologia deveria situar-se no quadro da universidade pública como uma ciência, no sentido que já desenvolvemos, a saber: mostrando seu caráter científico e colocando-se a serviço do desenvolvimento da humanidade e do seu conhecimento. Isso fica como um enorme desafio.

O serviço prestado pela teologia à Igreja

A Igreja não tem lugar somente na universidade, mas pode-se dizer que "o lugar próprio para a teologia é no interior da Igreja [...]. A eclesialidade da teologia é um aspecto constitutivo do trabalho teológico" (CTI, *Teologia hoje: perspectivas, princípios e critérios*, 20). A teologia dá sua forma à função profética da Igreja. Porque as faculdades de Teologia pertencem essencialmente a dois mundos – a universidade e a Igreja –, elas querem ser ao mesmo tempo acadêmicas e eclesiais. Essa não é a posição mais confortável, mas é uma aproximação "católica" típica, que deveria pensar em termos de "e... e" mais do que em termos de "ou... ou". Nesse sentido, divergimos da opinião dos que dizem que só se pode pertencer a uma ou a outra: à universidade ou à Igreja. Entretanto, cremos que existe uma tensão fecunda entre as duas formas de lealdade. Em nossa opinião, opor uma teologia supostamente "confessional" e uma teologia "científica" não é uma boa abordagem. Essa oposição resulta quer da fragmentação da teologia acadêmica que não explora mais questões do mundo e da Igreja de hoje, quer de uma espiritualização ou de uma "doutrinalização" da teologia confessional que perde o sentido da complexidade das situações.

Nós nos perguntamos como as faculdades de Teologia podem preencher seu serviço eclesial. Sublinhemos certas estratégias. Elas o fazem principalmente dando uma formação teológica de nível qualitativamente elevado àqueles que estarão mais tarde, em certa medida, a serviço da Igreja, assim como preservando os padrões elevados da pesquisa teológica. Além disso, elas podem acompanhar a evolução da Igreja no mundo de maneira leal e crítica. A dimensão crítica faz parte, igualmente, do empreendimento teológico.

De modo geral, porém mais ainda onde a Igreja ocupa uma posição minoritária, as faculdades de Teologia podem ajudar a Igreja a ter uma voz reconhecível dentro da sociedade entrando, a partir de sua identidade cristã, em diálogo com todos. Dessa maneira, a Igreja poderia dar forma ao que o termo "católico" significa em realidade, a saber: o que abraça o conjunto do mundo.

A teologia ajuda também a Igreja a permanecer em diálogo com a cultura que evolui. Em suma, a teologia não tem somente uma dimensão apologética, mas também um caráter dialógico. A teologia não apenas dá razão da esperança que ela traz como também entra em diálogo com a cultura circundante que evolui constantemente.

Os teólogos universitários deveriam reconhecer que há instituições na Igreja (tais como os seminários maiores) em que formas não acadêmicas de teologia são exercidas e ensinadas. Muitas vezes, essas instituições são mais inseridas na vida concreta da Igreja, o que pode influenciar o seu modo de fazer teologia. É desejável que as duas formas de teologia se comuniquem entre si para benefício mútuo.

Muitas vezes os teólogos são fechados demais em sua própria disciplina. É necessário desenvolver a pesquisa interdisciplinar entre os teólogos bíblicos, os historiadores, os teólogos sistemáticos, os moralistas e os teólogos práticos. Eles deveriam ultrapassar a tendência à superespecialização, que domina a prática acadêmica contemporânea, pois o objetivo último da inteligência da fé é a compreensão interna da Palavra de Deus aqui e agora.

Finalmente, percebemos na autorreferencialidade do magistério episcopal um outro desafio. Mesmo em se tratando de uma característica condicionada historicamente, ela não é mais adequada. Isso significa que as proposições do magistério nos tempos modernos (sobretudo após o período da Reforma) foram concebidas em função do que constitui uma heresia mais do que como um momento da *determinatio fidei*, como era o caso nos séculos precedentes. De fato, uma concepção da verdade como "fronteira" emerge então, sendo o objetivo perseguido o de fazer aparecer a diferença com o outro. Mas essa concepção só é possível no quadro de uma comunhão rompida, e ela contribui para manter essa ruptura. Tal concepção deu ao magistério episcopal um poder maior e, de algum modo, um monopólio na legitimação da doutrina. Em consequência, nos tempos modernos, o magistério não é mais um dos "lugares" onde a verdade da fé é contida e articulada com os outros lugares, mas o último e praticamente o único "lugar" para a *inventio veritatis*, com a absorção quase total da *cathedra magistralis*. O fato de que a noção de "magistério", sem outra precisão, seja utilizada e compreendida como designando o magistério episcopal é uma ilustração significativa da absorção do magistério pelos teólogos no magistério dos bispos.

O serviço da teologia à sociedade

Por causa da sua missão e da sua posição dentro da universidade e da Igreja, a teologia se coloca a serviço da cultura e da sociedade. Nesse sentido, a teologia católica deveria ser sempre, ao mesmo tempo, uma forma de teologia "pública". Hoje, a teologia deveria igualmente ser repensada em relação com a sociedade midiática, a saber: do ponto de vista das mídias e das comunicações. Em certas partes do mundo, o Estado financia as faculdades de Teologia. Esse fato demonstra que as autoridades civis compreendem que a formação acadêmica adequada dos ministros religiosos contribui para o bem da sociedade no seu conjunto e para a coexistência pacífica entre as pessoas pertencentes a diferentes Igrejas, religiões e culturas. As autoridades civis têm interesse no financiamento dos programas de formação acadêmica dos ministros das religiões reconhecidas a fim de evitar que as religiões se pervertam em desvios sectários. O

1. Qual é o lugar da teologia na universidade, na Igreja e na sociedade?

mesmo princípio se aplica às ideologias seculares. A teologia pode contribuir para o *bonum commune* da sociedade civil tentando, com outras ciências, responder aos desafios fundamentais que se colocam, hoje, para o indivíduo e para a sociedade.

Comecemos pelo indivíduo. Cada homem, cada mulher, na sua vida, todos são confrontados com questões fundamentais como: De onde venho? Que devo fazer? Qual é o meu destino? São questões que muitas pessoas, se não todas, enfrentam. Mas são também questões que concernem à política e à sociedade. Os teólogos podem, à luz da antiga sabedoria da tradição judeo-cristã, dar uma contribuição significativa a essas questões vitais.

Por outro lado, a teologia pode contribuir para melhor compreender a dinâmica da sociedade e, graças a tal compreensão, pode também propor soluções aos grandes desafios da sociedade nas próximas décadas. Além disso, a pertinência social da teologia depende muito da intensidade com que a sua pauta é determinada por essas questões e esses desafios. Mencionaremos alguns dentre eles, sem ser exaustivos.

Em primeiro lugar, o pluralismo cultural e religioso em crescimento no mundo de hoje: os teólogos deveriam provocar um diálogo intercultural e inter-religioso. O mundo é ameaçado pela crise financeira e econômica, que faz estragos. Trata-se de uma crise dos valores morais, que são os fundamentos (ou deveriam ser) do nosso sistema econômico e financeiro. A teologia pode, com base na tradição religiosa cristã, contribuir para a reflexão sobre os fundamentos e sobre a liderança responsável na sociedade moderna. Relacionada diretamente a isso, observamos que a distância entre os ricos e os pobres não cessa de aumentar no mundo inteiro. A teologia, a partir da opção preferencial pelos pobres, pode desenvolver modelos e fazer proposições sobre como tal distância pode ser preenchida em contextos específicos. A necessidade de estar a serviço dos pobres, da justiça na sociedade e da construção de um mundo melhor exige que os teólogos falem com uma só voz e trabalhem para inculcar o respeito aos direitos e às necessidades de cada um, em particular dos pobres, dos mais humildes e dos mais vulneráveis. A violência, o terrorismo e a guerra, assim como suas consequências (milhões de fugitivos, pessoas deslocadas, migrações etc.), são um desafio maior para o mundo de hoje. Esse desafio deveria ser enfrentado pelos teólogos e pela pesquisa teológica. O mundo é igualmente confrontado com numerosos desafios ambientais. A teologia pode, a partir da doutrina da criação e da escatologia, assim como de uma compreensão adequada da "intendência", contribuir para salientar esses desafios. Ela pode oferecer um terreno de entendimento entre uma perspectiva segundo a qual a terra é propriedade da humanidade e outra que diviniza a natureza e o cosmos a tal ponto que há pouco ou nenhum espaço para a humanidade.

2. A teologia, a Palavra de Deus e a vida espiritual das comunidades cristãs: abordagem teológica

A contribuição do Vaticano II a respeito da Palavra de Deus

É preciso lembrar que, no momento do Concílio Vaticano II, havia duas atitudes diferentes diante da Sagrada Escritura, a saber: 1) no campo da pesquisa bíblica e do ensinamento da Bíblia nos seminários e nas faculdades de Teologia (âmbito acadêmico) e 2) no campo das comunidades eclesiais (a vida eclesial). No que concerne ao campo acadêmico, o fim do século XIX e o começo do século XX foram marcados por debates originados na teologia liberal e na crise modernista. A Pontifícia Comissão Bíblica nasceu precisamente nesse contexto. Às vésperas do Vaticano II, o clima já estava praticamente tranquilo. Apesar de terem sido publicadas em contextos muito diferentes, as encíclicas *Providentissimus* e *Divino Afflante Spiritu* conceberam o quadro teológico para compreender a relação frutuosa entre os textos bíblicos inspirados e o

2. A teologia, a Palavra de Deus e a vida espiritual das comunidades cristãs

mistério da Encarnação. A necessidade dos estudos científicos da Bíblia, da Palavra de Deus, tornou-se clara e não foi mais contestada. Os professores de Exegese bíblica das grandes escolas, como a Escola Bíblica e Arqueológica francesa de Jerusalém e o Pontifício Instituto Bíblico de Roma, não eram mais inquietados. Eles tiveram, ao contrário, um papel muito ativo no Concílio, em particular na elaboração da constituição dogmática *Dei Verbum*.

A questão da interpretação, entretanto, tornou-se muito mais complexa hoje em dia. Os motivos principais são que a interpretação bíblica não deve ser estranha nem aos métodos aplicados à interpretação de outras formas de literatura antiga nem ao desenvolvimento da filosofia hermenêutica. No quadro dos estudos bíblicos, parece-nos que, hoje, além do método histórico-crítico com sua abordagem diacrônica, numerosos outros métodos, de tipo sincrônico, deveriam ser levados em conta. Aliás, apareceram, nesses últimos tempos, outros métodos que acentuam fortemente o contexto no qual a Bíblia está sendo lida.

Todos esses métodos contribuem para enriquecer a compreensão do texto revelado, que constitui o objeto próprio e particular da hermenêutica bíblica, a saber: a salvação e sua realização na pessoa de Jesus Cristo. Esse simples fato tem como consequência que seu verdadeiro sentido é realizado apenas através da fé viva da comunidade. A compreensão do leitor ou da leitora amadurece através do prisma de sua própria fé. A exegese bíblica deve precisamente estar a serviço desse processo de autocompreensão. O principal desafio consiste em que todos esses métodos estejam a serviço da Palavra de Deus para que ela se torne um alimento para o Povo de Deus, e que não sejam simplesmente parâmetros intelectuais para os especialistas.

No que diz respeito à vida espiritual das comunidades cristãs, ao contrário, os textos bíblicos não eram acessíveis aos fiéis. Nos países de missão, em particular, os próprios fiéis católicos enfrentavam a situação em que os protestantes se apoiavam nas Escrituras traduzidas em suas línguas locais, o que contrastava muito com a experiência católica. A Bíblia era, com efeito, considerada pelos católicos como "livro daqueles que são separados de nós". No que concerne ao desenvolvimento de nossa questão, o capítulo 6 de *Dei Verbum*, intitulado "A Sagrada Escritura na vida da Igreja" (21-25), torna-se crucial. O capítulo insiste na importância da Sagrada Escritura para a Igreja (21), na necessidade das diferentes versões e traduções (22), na tarefa cotidiana dos teólogos católicos (23), na relação entre a Sagrada Escritura e a teologia (24) e na recomendação da leitura da Sagrada Escritura (25).

No que diz respeito às comunidades cristãs, a maior contribuição do Concílio é ter indicado que os textos bíblicos são acessíveis a todos. Com efeito, como os textos bíblicos são Palavra de Deus para a salvação do mundo, é evidente que devem ser lidos, proclamados, compreendidos e apreciados por todos, para que cada um tenha a possibilidade de acessar a salvação. A Palavra de Deus é proclamada de modo particular na liturgia, dado que ela é "a obra de Cristo sacerdote e seu corpo, que é a Igreja". Cristo está presente na sua Palavra, "pois é ele que fala ao ser lida na Igreja a Sagrada Escritura" (SC 7). Daí a obrigação de traduzir esses textos em todas as línguas faladas pelos ouvintes da Palavra (DV 22). Isso quer dizer que a Palavra deve ser audível, compreensível e dizível, e estar submetida às exigências linguísticas das culturas daqueles que creem em sua divindade e em sua capacidade de conduzir à vida eterna. Tão importante quanto essa exigência é a necessidade de ir além das marcas de fundamentalismo presentes na interpretação popular da Bíblia.

Quanto aos pesquisadores e aos professores de Exegese bíblica, o Concílio insiste numa leitura científica da Bíblia (DV 23), na utilização de meios apropriados para perscrutar corretamente e apresentar bem as *Sagradas Letras*, a fim de que "o maior número possível de ministros da Palavra de Deus possa oferecer com fruto ao Povo de Deus o alimento das Escrituras, que ilumine a mente, robusteça a vontade e inflame os corações dos homens no amor de Deus" (DV 23). Assim, o problema dos métodos em vista de um conhecimento esclarecedor da Palavra de Deus deve ser tomado em consideração. Pois, se é verdade que a Palavra de Deus se manifesta à humanidade na linguagem humana, nenhum dos aspectos humanos da linguagem deveria ser deixado de lado. Sobretudo para os teólogos, é justamente recomendado que "o estudo destes Sagrados Livros deve ser como que a alma da Sagrada teologia" (DV 24).

Nos cinquenta anos pós-concílio, vemos que suas recomendações nesse sentido foram realizadas com criatividade dentro da Igreja. Simplesmente a título de exemplo: numerosas escolas e institutos fazendo a promoção do estudo dos textos bíblicos foram abertos em todo o mundo; há uma proliferação de métodos de leitura de textos bíblicos; o desenvolvimento da "leitura popular" da Bíblia nas comunidades eclesiais; diversas comunidades eclesiais sem padres vivem e se desenvolvem principalmente graças à escuta da Palavra de Deus etc. Entretanto, ainda há progresso a ser feito quanto à apropriação pessoal da Bíblia pelos fiéis.

Desafios para a fecundidade da teologia bíblica na vida espiritual das comunidades cristãs

Há desafios que os especialistas da Bíblia, em comunhão com o magistério, deveriam ainda enfrentar para responder aos *desideratos* das comunidades eclesiais nos nossos dias. Certos aspectos são particularmente pertinentes. Do ponto de vista teológico, a relação hermenêutica entre a Escritura e a teologia permanece um desafio. A esse respeito, uma boa relação poderia ajudar a evitar dois extremos: de um lado, um dualismo que separa completamente a verdade doutrinal da expressão linguística; de outro, um fundamentalismo que confunde o divino com o humano, esquecendo-se, de algum modo, de que Deus é transcendente.

O fato de afirmar a historicidade da Escritura tem, em alguns lugares, levado certas pessoas a relativizar seu caráter "sagrado", especificamente dos textos considerados assim pelas outras religiões. Como as Escrituras são verdadeiramente a Palavra de Deus, nosso apoio vigoroso, a solidez da nossa fé, o alimento da nossa alma e fonte pura e perene da nossa vida espiritual (DV 21), o que pode dizer um biblista católico, e de que maneira pode ele dizer, no diálogo intercultural e inter-religioso com aqueles que não creem na origem divina dos textos bíblicos? Parece-nos apropriado retomar questões sobre a inspiração das Escrituras. De um lado, é importante sublinhar o caráter sagrado dos outros textos religiosos, porque, segundo *Lumen gentium* 16, "tudo o que de bom e verdadeiro há neles é considerado como uma preparação para receberem o Evangelho"; eles são, de algum modo, revelação da presença do próprio Deus. Jesus Cristo é o *Logos* de Deus Pai, exprimindo-se através da criação e da humanidade. Esse assunto deve ser mais profundamente refletido teologicamente, de maneira particular no diálogo inter-religioso.

Diferentes contextos apresentam igualmente desafios enormes e variados. Por exemplo, certas comunidades, as "Igrejas do despertar", fundadas nos textos bíblicos, em particular no Antigo Testamento, insistem na prosperidade material como sinal de bênção divina recebida por aqueles que contribuem com mais doações de seus bens. A teologia da prosperidade é uma exploração dos mais pobres e deve ser criticada com base numa exegese científica rigorosa. No contexto de globalização em que vivemos, é imperativo orientar a pesquisa para uma "exegese para os pobres", porque a Bíblia é a expressão do compromisso de Deus com os pobres e os sem-voz. Do mesmo modo, a relação entre a "leitura ordinária" da Bíblia feita pelas pessoas simples e a exegese orientada por especialistas deveria ser desenvolvida. O objetivo de toda interpretação, ordinária ou científica, é revelar ao leitor o amor de Deus que salva, fazer-lhe ver que Deus se comunica com ele no contexto histórico em que vive, tendo como ponto de partida as palavras que Deus mesmo pronunciou ou os gestos que realizou por seus bem-amados. A interpretação científica é destinada a uma exegese que se preocupa com a vida espiritual dos membros da Igreja, uma "exegese pastoral", que coloca os fiéis numa relação pessoal com Deus. Nessa perspectiva, um grande serviço seria prestado ao Povo de Deus se a leitura científica pudesse promover os valores bíblicos e evangélicos que ajudam a construir as sociedades onde o respeito da dignidade humana, a justiça e a paz são uma realidade.

A proliferação dos métodos de leitura mostra claramente que a Bíblia coloca o leitor numa situação de multiculturalismo, na qual várias culturas se encontram: o tempo dos acontecimentos históricos, o tempo da escritura pelo autor sagrado e o tempo das leituras de hoje. Os princípios da inculturação da mensagem bíblica e da contextualização da exegese bíblica deveriam ser valorizados entre os pesquisadores e nas casas de formação dos futuros agentes da evangelização sem cair na contextualização. Numa cultura muito marcada pelas questões de *gênero* e na qual a Bíblia é sobretudo acusada de refletir os esquemas mentais de sociedades patriarcais, seria desejável que os exegetas em geral e as mulheres exegetas em particular ajudassem a esclarecer as ideias neste domínio.

Enfim, desde o começo o Cristianismo foi marcado pela pluralidade das linguagens. Foi ainda o caso, nos séculos seguintes, da história da Igreja: as decisões dos concílios ecumênicos introduziram um princípio de regulação das doutrinas implicadas. Em nossos dias, cabe à teologia desenvolver uma hermenêutica dessa tradição, levando em conta mudanças trazidas pela ciência nos tempos modernos. Essa hermenêutica é, em primeiro lugar, essencial para compreender a unidade da teologia num mundo pluralista, já que todas as teologias buscam ler o Evangelho na sua época. Ela é igualmente necessária do ponto de vista ecumênico: o diálogo entre as Igrejas implica o reconhecimento que elas desenvolvem juntas, lendo suas histórias e redescobrindo os elementos comuns de suas tradições. Enfim, ela ajuda a ver como o Cristianismo está situado em relação às outras tradições religiosas do mundo antigo, o que pode ser uma fonte de reflexão para a teologia no contexto multirreligioso de nosso tempo.

3. A teologia da Igreja, os teólogos e o magistério

A teologia da Igreja foi particularmente enriquecida pelo Concílio. Várias questões eclesiológicas abordadas pelo Vaticano II tiveram como consequência a renovação da compreensão das relações no interior da Igreja, assim como da missão da Igreja no espaço público. Neste segmento sublinharemos o que consideramos as principais questões eclesiológicas a serem ainda revisitadas.

A eclesiologia de comunhão como terreno para fazer teologia hoje

O século XX foi particularmente frutuoso para a renovação da realidade comunitária da Igreja. A renovação eclesiológica foi o resultado de vários movimentos pré-conciliares que desenvolveram uma linha de pensamento e um estilo que iam muito além da fragmentação dessa fase particular da história. O Concílio Vaticano II recebeu todos os desenvolvimentos dessas ideias no que é bem conhecido como sua eclesiologia de comunhão.

Como ela constitui o conceito-chave do mistério trinitário e da Igreja, a "comunhão" não pode ficar limitada a um conceito teológico, mas deve ser compreendida como uma realidade eclesial que considera todos os membros da Igreja, todas as Igrejas particulares e a Igreja inteira. Enquanto realidade orgânica, a comunhão requer uma estrutura jurídica. Sobre a estrutura hierárquica, entretanto, deveríamos reter que a Igreja universal existe *nas e a partir* das Igrejas particulares (cf. LG 23). Com efeito, a estrutura jurídica deveria, ao mesmo tempo, respeitar e habilitar as Igrejas locais. Além disso, as diferentes estruturas sinodais e colegiais foram objeto da atenção no Concílio, sem que, entretanto, isso oferecesse respostas que pudessem satisfazer todas as exigências de uma comunhão ao mesmo tempo contextual e universal.

O desenvolvimento das estruturas eclesiais durante o período pós-conciliar reflete, ao mesmo tempo, o progresso na compreensão e na prática da comunhão e o aparecimento de problemas a serem resolvidos e questões a serem exploradas, tais como a relação entre o primado e a colegialidade, a unidade e a diversidade, a Igreja local e a Igreja universal. Lançando um olhar para a história da Igreja Católica no decorrer dos últimos cinquenta anos, tentamos explorar em que medida a realização da comunhão foi terminada. Se a natureza da Igreja está ligada à comunhão, como viver esta comunhão, e quais são as estruturas apropriadas para que ela se mantenha e se desenvolva? Além disso, é nossa convicção que a eclesiologia de comunhão deveria estar organizada e canonicamente estruturada da maneira como o Papa Francisco já começou a sonhar.

A catolicidade: dimensão fundamental da teologia

A nova compreensão da unidade redenção/criação certamente contribuiu para ir além da compreensão dualista dos dois níveis em que a existência religiosa é concebida como algo estranho ao desenvolvimento verdadeiramente humano. Como *Gaudium et Spes* sublinha com força, a vocação suprema dos homens e das mulheres é uma, é a que o Evangelho designa como uma presença viva do Reino de Deus na história (GS 22). Nesse contexto, a teologia se transforma em participação ativa e transformadora no plano salvífico de Deus.

Assim, a vida eclesial poderia ser integrada – num diálogo fraterno – com todos os esforços humanos, de modo que a Igreja pudesse eventualmente apresentar-se como o sinal e instrumento desse processo unitário, no qual a compreensão da fé é ao mesmo tempo interrogada pela história da humanidade e aberta ao horizonte escatológico. Esse processo implica uma prática interdisciplinar da teologia: um trabalho que a conduz a discernir os sinais dos tempos, de sorte que a teologia possa achar-se ela mesma renovada, iluminando esses sinais com a luz da fé e da tradição.

Dois desafios cruciais do serviço atual da teologia na Igreja: *sensus fidelium*, teologia e magistério

Na tradição católica romana, fazemos referência ao *sensus fidelium* como ao sentido da fé dos fiéis. A literatura atual se concentrou principalmente sobre sua função de critério para a recepção do ensinamento da Igreja pelos fiéis. Entretanto, seu peso e seu papel nas deliberações e na tomada de decisões em relação à doutrina católica são mínimos, para não dizer completamente inexistentes. Quando o conjunto do corpo dos fiéis cristãos reconhece a verdade pela via de um discernimento comunitário, o *sensus fidelium* torna-se um testemunho profético, do qual fala a *Lumen Gentium* 12. É o que poderia ser considerado como um consenso da Igreja. O objeto de tal consenso seria o conjunto do *depositum fidei* e o sujeito seria, com efeito, todo o corpo dos fiéis cristãos. *Lumen Gentium* compreende o *sensus fidelium* como a indefectibilidade da Igreja, como uma qualidade efetiva no corpo dos fiéis no seu conjunto. Trata-se de um atributo do povo inteiro quando há um consentimento universal. O *sensus fidelium* tornou-se, então, um lugar que a teologia e o magistério deveriam ouvir permanentemente. Porque, de um lado, a indefectibilidade do magistério está situada na indefectibilidade da Igreja e, de outro, a teologia, por definição, deve ser compreendida como *intellectus fidei/fidelium*.

Fazemos questão de sublinhar que os teólogos e os bispos, segundo a vocação e o mandato que lhes é próprio, estão a serviço do Povo de Deus, da Igreja no seu conjunto. O magistério dos teólogos e o magistério dos bispos são necessários para conduzir o Povo de Deus a uma experiência mais completa da vida segundo o Evangelho hoje. Ambos fazem a experiência da fé por seu testemunho e sua celebração, deixando-se conduzir pelo Espírito e desenvolvendo uma vida segundo o Espírito. Os teólogos e os bispos não deveriam buscar absorver ou encarregar-se do papel que cabe ao outro. Nesse contexto, o Concílio Vaticano II sublinhou o papel vital desempenhado pelos fiéis na articulação e no desenvolvimento da fé, porque "[esta] Tradição que vem dos Apóstolos progride na Igreja", em toda a Igreja, "sob a assistência do Espírito Santo" (DV 8) (cf. LG 12,37; AA 2,3 e GS 43).

"Os próprios teólogos devem ter parte na vida da Igreja para ter dela um verdadeiro conhecimento" e, ao mesmo tempo, deveriam ajudar "a esclarecer e a expor o conteúdo do *sensus fidelium*, reconhecendo e mostrando que as questões ligadas à verdade da fé podem ser complexas e que seu exame requer precisão. Compete-lhes, igualmente, examinar, às vezes de modo crítico, as expressões da piedade popular, as novas correntes de pensamento e os novos movimentos na Igreja, em nome da fidelidade à tradição apostólica" (CTI. *Teologia hoje: perspectivas, princípios e critérios*, 35). Nesse sentido, os teólogos poderiam ajudar a esclarecer a distinção entre o *sensus fidelium* e a opinião popular ou pública, a descrever as disposições necessárias para que os fiéis participem autenticamente no *sensus fidelium* e a esclarecer os problemas que se colocam na Igreja quando os fiéis ficam, em sua maioria, indiferentes a decisões doutrinais ou morais tomadas pelo magistério, ou quando rejeitam, positivamente, o que poderia ser também uma expressão do *sensus fidelium*. Os teólogos poderiam favorecer a integração do Povo de Deus não só em momentos de consulta como também nos processos de deliberação na vida da Igreja.

A respeito da relação entre os bispos e os teólogos, diversas questões devem ser mencionadas. A mais geral nos orienta para o que poderíamos chamar de colaboração mútua respeitosa entre teólogos e bispos porque eles têm "vocações diferentes e devem respeitar mutuamente suas competências particulares, sem o que o magistério reduziria a teologia a uma ciência puramente repetitiva, ou os teólogos teriam a presunção de ocupar o lugar no ensinamento dos pastores da Igreja" (CTI. *Teologia hoje: perspectivas, princípios e critérios*, 37). Na verdade, os bispos e os teólogos necessitam uns dos outros no cumprimento de suas tarefas respectivas e deveriam igualmente consultar uns aos outros em suas esferas próprias de trabalho. Conflitos sempre podem surgir. Eles podem ser ultrapassados pela confiança mútua e pelo estabelecimento em comum de regras do jogo claras que sejam capazes de regular essas relações.

O segundo aspecto mais específico refere-se à necessidade de uma distinção clara entre o *magisterium cathedrae pastoralis* e o *magisterium cathedrae magistralis*. A linguagem teológica é outra coisa, diferente da fundação, da defesa ou da clarificação da linguagem pastoral. A linguagem pastoral está estreitamente ligada à linguagem ordinária e à sua dimensão *performativa*, enquanto a linguagem teológica exige antes de tudo o rigor e a precisão, assim como a exploração de novas possibilidades ou novos desenvolvimentos.

Daí a necessidade de respeitar a independência e o pluralismo dos teólogos. Com efeito, o ministério teológico não constitui uma nomeação ou uma concessão generosa da parte do ministério pastoral, mas um serviço autêntico e independente, no interior da Igreja, autorizado pelo Espírito, uma autoridade de ensinamento igualmente orientada para a proclamação. Assim, toda absorção do carisma teológico na governança pastoral é lamentável, pois não corresponde à profundidade do Vaticano II.

O debate teológico católico contemporâneo sobre a catolicidade aspira a recuperar uma concepção qualitativa da catolicidade a fim de corrigir o acento clássico da Contrarreforma sobre a extensão geográfica. *Katholikos* refere-se à plenitude da fé tanto quanto à universalidade geográfica. Por conseguinte, a catolicidade exprime simultaneamente a qualidade de coesão da Igreja e sua expansão geográfica. É importante assumir os aspectos qualitativos da catolicidade concentrando-se em duas questões interdependentes: repensar a relação entre a catolicidade da Igreja e sua unidade e entre a catolicidade da Igreja e sua história. Parece que a nova maneira de pensar a relação entre a catolicidade da Igreja e sua unidade determinou a maneira pela qual a catolicidade foi concretamente ligada à história. Se identificássemos a catolicidade da Igreja e sua unidade – como universalidade –, a unidade da Igreja correria o risco de ser percebida simplesmente como uma condição, um meio, nada além de um elemento formal, mas indispensável, para a catolicidade da Igreja. Consequentemente, apenas um pequeno espaço seria deixado a uma abertura ecumênica, para o discernimento de uma qualquer eclesialidade nas outras Igrejas, indo precisamente de encontro ao ensinamento do Vaticano II (cf. LG 8 e UR 3).

Na verdade, é necessário distinguir a universalidade da catolicidade, e a catolicidade da unidade da Igreja. As diversidades – mesmo de lugar e de contexto – devem ser consideradas como um componente essencial da unidade da Igreja. Cada lugar é portador potencial, ao mesmo tempo, das riquezas que contribuem para a plenitude de toda a Igreja e dos aspectos nostálgicos que exigem a correção e a conversão. A catolicidade seria compreendida, num sentido mais complementar, como que acrescentando dimensões de pluralidade e de integração à unidade. Desse modo, a Igreja local aparece como realização da unidade da Igreja ameaçada, mais do que como ameaça. As comunidades locais parecem ser, em certa medida, os fundamentos da unidade visível: sua fé, sua estrutura sacramental, assim como seu modo de vida (LG 23). Nessa perspectiva, a catolicidade dita qualitativa parece melhor sublinhar tanto o elemento sobrenatural e transcendente da catolicidade quanto a sua encarnação histórica nas diversidades legítimas.

Daí se infere que a catolicidade oferece uma ideia do universal que abraça a diversidade: existe um imperativo de unidade que deve atingir o âmbito local, e um ideal de integralidade que abraça as diferenças. Tudo isso tem consequências quanto a uma colegialidade viva, dado que, para o advento de uma relação frutuosa entre a Igreja local e a Igreja universal, o Pontífice Romano e os bispos devem, a um só tempo, assumir ativamente seus papéis. O primado e a colegialidade devem ser considerados como dois princípios teológicos da constituição hierárquica da Igreja em vista de sua governança. Igualmente, o episcopado pediu para assumir a sua responsabilidade tomando a iniciativa de praticar e renovar esse princípio teológico fundamental.

No entanto, certas questões teológicas devem ser aprofundadas: O que vem em primeiro lugar: a Igreja particular ou a Igreja universal? Será a boa maneira de fazer essa questão? Em seguida, qual a importância das diferentes primazias nos âmbitos local, nacional, regional e universal? Como redefinir a relação entre primado e colegialidade?

Dois desafios eclesiológicos se impõem ainda como objeto de debates

O caráter pastoral da liderança eclesial

Hoje, vale a pena redescobrir a mudança de perspectiva inaugurada no momento do Concílio, a qual consiste em acentuar o caráter pastoral do governo da Igreja. Isso só pode ter consequências importantes para o trabalho dos teólogos. Tal atitude mostra que a Igreja não estava mais preocupada de modo especial com a questão da "doutrina". A mensagem de João XXIII, na abertura do Concílio, exprimia a consciência de que as necessidades da Igreja de então não eram caracterizadas pela incerteza ou pela confusão doutrinal; o importante era reconhecer o laborioso processo do testemunho e da expressão da fé cristã num contexto que necessitava adotar formas e métodos diferentes, e também um estilo novo, para que a comunidade cristã pudesse encontrar as pessoas da sua época e comunicar-se com elas.

A natureza dessa nova orientação para o exercício do carisma magisterial na Igreja (no quadro muito solene do Concílio ecumênico) afetou igualmente o estatuto especial da sua autoridade. O magistério não considerava que seu papel era o de distinguir a verdade da mentira, a ortodoxia da heresia (à maneira tradicional dos concílios), sentia-se, antes, chamado a mostrar a sua autoridade, não, em primeiro lugar, nas suas "conclusões" (expressões dogmáticas claras), mas na argumentação mais complexa, através da qual a intenção pastoral era procurada e expressa, tal como o Concílio tinha a intenção de formular.

À luz da nova abordagem, a polaridade doutrinal-pastoral era questionada. Isso não implica um nível de autoridade diferente, tampouco um meio de reduzir o ministério pastoral ao encargo de impor uma "verdade" doutrinalmente garantida. Assim, o próprio magistério mostrou a necessidade de uma revisão radical da natureza da *Denzingertheologie*.

O novo paradigma aplicado pelo Concílio Vaticano II convidava uma vez mais a teologia a reencontrar uma imagem eclesial forte que não podia ser limitada a uma lealdade estritamente servidora do magistério. Isso significa mudar de rumo centrando-se progressivamente na necessidade de uma correlação entre o método teológico e o autoconhecimento da Igreja que permite aos teólogos viver o seu serviço como expressão concreta da vida e da missão da própria Igreja.

Onde encontrar o teólogo?

A figura do teólogo também mudou. Houve um aumento significativo do número de teólogos leigos, consagrando sua vida à pesquisa e ao trabalho universitário, no quadro de sua experiência concreta da fé e de sua pertença à Igreja. Contudo, é pena que em numerosas Igrejas locais a presença de leigos teólogos e teólogas seja ainda insuficiente ou não seja bem acolhida. Sua contribuição original não é, então, considerada. O aumento do número de teólogos leigos pode encorajar um tipo de reflexão mais profundamente enraizado no tecido da vida cotidiana da comunidade cristã, mais atento às circunstâncias históricas e culturais de hoje. Isso ajuda a compreender a importância de um reexame aprofundado do ensinamento do Concílio sobre os "leigos", no qual os textos do Vaticano II indicam a necessidade de uma articulação mais ampla e mais aprofundada.

Por outro lado, a crítica de uma forma autorreferencial do magistério pontifício e a absorção recente do carisma teológico no governo pastoral

CAPÍTULO 5. O serviço da teologia hoje

tinham reforçado a tomada de consciência da vocação teológica como um carisma na Igreja. Melhor ainda, uma das consequências da reflexão conciliar sobre como o batismo, colocando os fiéis numa situação de igualdade fundamental, leva a sério o fato de que cada batizado poderia teoricamente se tornar um teólogo. A teologia enquanto fé em busca de inteligência é efetivamente um dever que deve ser assumido por todos os batizados, de tal modo que – entre os ministros e os leigos – alguns se consagram inteiramente à teologia, como uma vocação e uma profissão no seio da Igreja, segundo o estado de vida de cada um. Tal tarefa deve ser desenvolvida ao mesmo tempo individualmente, através de uma especialização particular/individual, e coletivamente, colaborando uns com os outros na progressão dessa sabedoria.

Com efeito, o ministério dos teólogos é não só pessoal como também comunitário e colegial. "Ele se exerce na e para a Igreja em seu conjunto, e se vive em solidariedade com aqueles que têm a mesma vocação." Os teólogos do mundo inteiro deveriam colaborar uns com os outros, ajudar-se "a prestar o melhor serviço possível" (CTI. *Teologia hoje: perspectivas, princípios e critérios*, 45). Eles "trabalham muitas vezes nas fronteiras da experiência da Igreja e de sua reflexão. [...] acontece cada vez mais que, em situações novas ou diante de novas questões, teólogos deem uma primeira resposta em nome da *fé que busca compreender*. Os teólogos precisam e merecem ser sustentados em seus sinceros esforços a serviço da Igreja pela oração do conjunto da comunidade [...]. Eles deveriam sempre admitir o caráter intrinsecamente provisório de seus esforços, e submeter seus trabalhos ao exame e à avaliação do conjunto da Igreja" (CTI. *Teologia hoje: perspectivas, princípios e critérios*, 47). A comunidade teológica deve ter o tempo e o espaço para deixar os procedimentos de autocorreção funcionarem adequadamente.

Em todo caso, a irrupção dos teólogos leigos em todas as esferas eclesiais apela para um reexame de certas estruturas eclesiais que foram durante um tempo longo demais lugares onde só teólogos-ministros puderam desenvolver seu dever de teologizar. Novamente, a distinção apropriada entre ministério pastoral e teologia é necessária. O certo é que se trata de um apelo renovado para parar e pensar antes de identificar rapidamente demais o carisma de ensino do ministro e o carisma de ensino do teólogo.

Francisco... Sinal de esperança!

Cinquenta anos após o Vaticano II, o exercício do ministério petrino por Francisco é claramente visto e percebido como original, como comprovam seus gestos e discursos, ou suas decisões no que concerne à reforma da Cúria. De certa maneira, Francisco é o primeiro Papa verdadeiramente pós-conciliar. Ele não tem medo nem do ensinamento conciliar nem das implicações pastorais desse ensinamento. Francisco exprimiu também, explicitamente, sua vontade de seguir os caminhos do Concílio tomando a sério o apelo para a *reformatio* das estruturas da Igreja. Seu pontificado vem em seguida ao de Bento XVI, que foi marcado por um caráter teológico e doutrinal e influenciado pelo debate complexo sobre a recepção do Concílio, debates que o Papa Francisco opta por deixar de lado.

Suas origens no contexto eclesial e social da América Latina colocam o Papa atual bem longe do Ocidente (a cena eclesial e teológica europeia), o que enriqueceu o modo de olhar a vida da Igreja. Não é a mesma coisa fazer parte da Igreja europeia ou da Igreja da América Latina (ou africana, ou asiática etc.). Os desafios sociais e políticos oferecem um quadro bem diferente para a comunidade eclesial. Francisco levou ao Vaticano um estilo de vida eclesial particular/contextual (como todo mundo) que provém de sua experiência eclesial pessoal (quem não o faz?). Eis por que certas categorias eclesiais, teológicas e pastorais – não muito conhecidas por todos – entraram em cena. Isto é, na verdade, um meio de reformar as estruturas eclesiais, simplesmente permanecendo fiel à sua própria experiência eclesial e atento à realidade mais ampla da Igreja. Devemos ainda aguardar outras reformas... e o fazemos com esperança.

CONCLUSÃO

CINQUENTA ANOS APÓS O VATICANO II: TEÓLOGOS E TEÓLOGAS DE TODO O MUNDO DISCUTEM O FUTURO DA FÉ

Declaração final

Por ocasião do quinquagésimo aniversário do Vaticano II, uma centena de teólogos e teólogas de mais de vinte e cinco países – representando numerosos outros colegas – encontraram-se em Paris para refletir sobre os desafios atuais da sociedade e da Igreja, à luz do Concílio.

Vindos de horizontes culturais diferentes, trazemos em nós as esperanças e as preocupações dos povos da comunidade humana. Durante nossas trocas de ideias, tivemos presentes no espírito aqueles e aquelas que se encontram nas periferias da sociedade e da Igreja. Representantes de uma comunidade competente e pluricultural, consagrada à busca da inteligência da fé cristã, quisemos entrar num processo de deliberação, localizar o que estamos aprendendo no encontro do Evangelho com as culturas contemporâneas e contribuir, assim, para a missão da Igreja a serviço da comunidade humana, hoje e amanhã.

1. O Vaticano II como referência comum

Nesse encontro, nós nos lembramos da contribuição importante dos teólogos no Concílio e na sua recepção. O Concílio foi, com efeito, um momento excepcional de colaboração e de discernimento comum entre bispos e teólogos de todos os continentes. Ele permitiu à Igreja renovar a inteligência de sua missão a serviço de um mundo em plena mutação.

Fortes com essa experiência, preparamos esse encontro há mais de dois anos, pela elaboração de textos por uns vinte grupos nacionais, continentais, depois internacionais. Trabalhando em universidades, centros de formação pastoral e em outros meios sociais, nós investimos em diversos domínios da teologia, ocupados com diversas questões, mas todos nós encontramos no Vaticano II uma referência comum e um horizonte partilhado. Indo mais fundo, essa experiência de encontro, de oração, de reflexão e de trabalho em comum nos fez tomar consciência de que formamos uma comunidade científica que representa uma força vital essencial à vida da Igreja e à realização da sua missão no mundo.

Certamente, a renovação do Vaticano II foi vivida de modo diferente e teve uma recepção diferenciada segundo os diversos contextos geográficos, sociais, culturais e eclesiais. Essas experiências diferentes tiveram repercussões sobre as interpretações teológicas do Concílio e provocaram, às vezes, conflitos entre pessoas, tensões entre instituições, desacertos entre comunidades. Todavia, o Concílio permanece para todos um acontecimento do Espírito Santo e uma "bússola segura" para orientar a nossa vida cristã.

2. Questões abertas e interrogações que ainda encontram eco no trabalho teológico

O Vaticano II não tinha a pretensão de dar uma resposta a todas as questões (GS 33), mas convidava a discutir, com toda a abertura do espírito, os problemas colocados à Igreja e ao mundo. Por isso, no decorrer dos anos pós-conciliares, a tarefa da teologia consistiu em aprofundar suas intuições, prosseguir as frentes de trabalho abertas pelo Concílio e a enfrentar novas questões que ele não tinha podido antecipar. Portanto, reconhecemos as contribuições de diferentes cantos do mundo e escrevemos cinco textos, breves, tocando questões candentes que representam os eixos da teologia hoje:

2. Questões abertas e interrogações que ainda encontram eco no trabalho teológico

- *Vaticano II, inspiração profética para hoje*
  Afirmamos, apesar da diversidade de sensibilidades a seu respeito, o caráter determinante do Concílio Vaticano II para a vida da Igreja e para seu engajamento no mundo de hoje.

- *Características do tempo presente*
  Somos chamados a identificar as consequências para o anúncio da fé das mutações que aconteceram na sociedade e na cultura desde o Concílio: o aumento da pobreza, os avanços do movimento ecumênico, o pluralismo religioso, a violência, as migrações de povos e a urbanização, a globalização da cultura e da informática, a crise do meio ambiente, o papel da mulher, a precariedade das culturas e dos direitos dos povos indígenas.

- *O Evangelho e a Igreja em debate com as culturas do mundo*
  Constatamos uma contextualização da teologia e do testemunho da Igreja como a expressão de uma verdadeira catolicidade da fé. Tendências à homogeneização ou à uniformidade são riscos que podem levar a sociedade a uma falsa unidade.

- *Construir uma cultura de paz: tarefa incontornável*
  O lugar reconhecido à Igreja nas sociedades e os modos de presença desta no mundo estando em plena mudança, e parece-nos necessário repensar as estruturas e as formas de engajamento em favor da dignidade humana e da justiça social para hoje.

- *Um modo renovado de considerar a teologia e o seu exercício na Igreja e no seio da sociedade*
  A prática da teologia se faz em diálogo com a cultura e com as ciências contemporâneas. Levada adiante com toda a liberdade de pesquisa, ela contribui para a elaboração da fé nas formas comunicáveis aos homens e às mulheres do nosso tempo. A diversidade das abordagens teológicas pode contribuir para a catolicidade da fé.

CONCLUSÃO. Cinquenta anos após o Vaticano II

Esses textos resumem as perspectivas para o trabalho teológico que hoje está diante de nós. Partilhando com toda a Igreja "a necessidade de manter vivo o acontecimento do Concílio Vaticano II" (*Misericordiae Vultus*, 4), nem por isso voltamos ao contexto de há cinquenta anos. Trata-se, antes, de levar a sério o convite do Concílio a uma reforma permanente e a um autoexame contínuo (UR 4,6). Estamos conscientes de deficiências e de resíduos fundamentalistas e ideológicos na teologia e na vida da Igreja, mas queremos contribuir para a *metanoia*, para a volta ao Evangelho. Essa tarefa compreende a aceitação de um importante e difícil trabalho. Os conflitos que ele pode provocar no seio da Igreja podem e devem ser ultrapassados de maneira evangélica.

O Vaticano II é portador de grandes intuições, ainda hoje fecundas. Ele sugere um *método* ou uma *maneira de proceder juntos* para abordar questões novas num diálogo aberto e livre. Indica uma *direção* e orienta de novo o pensamento a questões já consideradas. Em nossas deliberações, fomos especialmente interpelados pelas questões recorrentes. Assim:

- Ler juntos os "sinais do tempo": discernir a presença de Deus nas realidades concretas e cotidianas da história.
- A interpelação de Deus através dos pobres, dos marginalizados, dos excluídos, de todos os "pequenos", que constituem mais da metade da comunidade humana.
- Pensar a unidade e a diversidade, respeitando a pluralidade em todos os níveis.
- Ser, como Igreja, Evangelho de reconciliação num mundo dividido e marcado pela violência.
- Entrar em diálogo fraterno e amigável, inspirador e enriquecedor, com os outros: nossos irmãos e irmãs cristãs, aqueles e aquelas que aderem a outras religiões ou que têm outras convicções.

3. Para continuar o diálogo e a deliberação

Propomos essas reflexões a nossos pares da comunidade de teólogos e teólogas, na esperança de que poderão promover um diálogo mais amplo, provocar investigações mais aprofundadas e alimentar um pensamento capaz de informar uma vida mais evangélica. Nós as encaminhamos às testemunhas do Evangelho, a todos aqueles e aquelas que trabalham na vida pastoral, assim como aos pastores da Igreja.

O quinquagésimo aniversário do Concílio representa um momento favorável para lembrar que, hoje, uma colaboração entre teólogos, teólogas e bispos está novamente na ordem do dia para abordar as questões novas que se colocam nas sociedades humanas e na Igreja. Essa colaboração deve e pode apoiar-se em um *ato de confiança mútua*, a ser sempre renovado, e em uma *tomada de consciência comum*: no plano mundial, a Igreja não pode enfrentar os desafios de um *aggiornamento* sério da tradição de sua fé e de suas figuras concretas e institucionais sem uma *expertise* teológica de alto nível. Isso supõe que os pastores reconheçam os teólogos e as teólogas como indivíduos e como "comunidade" intelectual pública, exercendo, na Igreja e no seio da sociedade, a missão de um verdadeiro *magisterium*, como se dizia outrora, que, evidentemente, deve, sem cessar, entrar em acordo com o magistério pastoral. Na reforma atual das estruturas da Igreja, em vista de sua missão evangelizadora, como ter em vista a criação de espaços transparentes de diálogo em que a competência da comunidade de teólogos e teólogas, em toda a sua diversidade, possa ser tomada em conta? Essa questão merece grande atenção, para o bem da Igreja e a realização da sua missão.

Conclusão

O Concílio Vaticano II restaurou um modo de pesquisa da verdade em que uns expõem aos outros a verdade que encontraram ou pensam ter encontrado (DH 2). Nosso encontro e o processo de deliberação que acabamos de viver retomaram por sua conta a dinâmica de diálogo e discernimento. Foi desse modo que quisemos honrar a memória do Concílio. Avançamos no caminho indicado pelo Vaticano II, "animado[s] pelos sentimentos de gratidão por tudo o que a Igreja recebeu, e consciente[s] da responsabilidade que é a nossa" (*Misericordiae Vultus*, 4).

PARTICIPANTES DO PROCESSO DE DISCUSSÃO

Participantes do Colóquio Internacional (13 a 15 de abril de 2015)

AL AHMAR Antoine
    Université Saint-Esprit de Kaslik, *Líbano*

AMENGUAL Gabriel
    Universidad de las Islas Baleares, *Espanha*

AMHERDT François-Xavier
    Université de Fribourg, *Suíça*

ANDREATTA Cleusa
    Universidade Vale do Rio dos Sinos, *Brasil*

APPEL Kurt
    Universität Wien, *Áustria*

ARENAS Sandra
    Pontificia Universidad Católica de Chile, *Chile*

BAIK WOON CHUL Stéphane
    Catholic University of Korea, *Coreia do Sul*

BAUDOIN Roger
    Collège des Bernardins, *França*

BEOZZO José Oscar
    Centro Ecumênico de Serviços à Evangelização e Educação Popular, *Brasil*

BEYAMA BEYAMA Abdon
    Lycée de Nsam-Efoulan, *Camarões*

BILLON Gérard
    Institut Catholique de Paris, *França*

BINGEMER Maria Clara Lucchetti
    Pontifícia Universidade Católica do Rio de Janeiro, *Brasil*

BODO Jean-Marie
    Université Catholique d'Afrique Centrale, *Camarões*

BORRAS Alphonse
    Université Catholique de Louvain, *Bélgica*

Participantes do processo de discussão

CARBAJO NUNEZ Martín
Pontificia Università Antonianum, *Itália*

CHAUTY Erwan
Centre Sèvres-Facultés Jésuites de Paris, *França*

CHERUBINI Bruno
Fondazione per le Scienze Religiose Giovanni XXIII, *Itália*

CLIFFORD Catherine Elizabeth
Saint-Paul University, *Canadá*

COMEAU Geneviève
Centre Sèvres-Facultés Jésuites de Paris, *França*

COPPE CALDEIRA Rodrigo
Pontifícia Universidade Católica de Minas Gerais, *Brasil*

COSTADOAT Jorge
Pontificia Universidad Católica de Chile, *Chile*

DE DREUZY Agnès
Catholic University of America, *Estados Unidos da América*

DEIBL Jakob Helmut
Universität Wien, *Áustria*

DENAUX Adelbert
KU Leuven, *Bélgica*

DENIS Philippe
University of KwaZulu-Natal, *África do Sul*

DESTORS Jean-Michel
Institut Catholique de Paris, *França*

DY Oliver
KU Leuven, *Bélgica*

ELENGABEKA Elvis
Institut Catholique de Paris, *França*

ELZO IMAZ Francisco Javier
Universidad de Deusto, *Espanha*

ENDEAN Philip
Centre Sèvres-Facultés Jésuites de Paris, *França*

EPIS Massimo
Facoltà Teologica Milano, *Itália*

FAMEREE Joseph
Université Catholique de Louvain, *Bélgica*

FEDOU Michel
Centre Sèvres-Facultés Jésuites de Paris, *França*

FLICHY Odile
Centre Sèvres-Facultés Jésuites de Paris, *França*

FORESTIER Luc M.
Institut Catholique de Paris, *França*

GIAMETTA Carlotta
Fondazione per le Scienze Religiose Giovanni XXIII, *Itália*

Participantes do processo de discussão

GROSSI Giulia
　Fondazione per le Scienze Religiose Giovanni XXIII, *Itália*

GROVE Kevin G.
　University of Cambridge, *Reino Unido*

GUANZINI Isabella
　Universität Wien, *Áustria*

HACHEM Gaby
　Université Saint-Esprit de Kaslik, *Líbano*

HELLER Dagmar
　World Council of Churches, *Suíça*

HOLZER Vincent
　Institut Catholique de Paris, *França*

HÜNERMANN Peter
　Universität Tübingen, *Alemanha*

IOZZIO Mary-Jo
　Boston College, *Estados Unidos da América*

JANG Kyung
　Sogang University, *Coreia do Sul*

JOUBERT Thibault
　Institut Catholique de Paris, *França*

KABONGO N'KISHI Pierre
　Université Catholique du Congo, *República Democrática do Congo*

KASPRZAK Artur
　Institut Catholique de Paris, *França*

KIM Agnès
　Centre Sèvres-Facultés Jésuites de Paris, *França*

LEFEBURE Leo Dennis
　Georgetown University, *Estados Unidos da América*

LEGORRETA ZEPEDA José de Jesús
　Universidad Iberoamericana Ciudad de México, *México*

LIBAMBU MUASU Michel Willy
　Université Catholique du Congo, *República Democrática do Congo*

MABUNDU MASAMBA Fidèle
　Université Catholique du Congo, *República Democrática do Congo*

MAFFEIS Angelo
　Facoltà Teologica dell'Italia Settentrionale, *Itália*

MAHIEU Eric
　Institut Catholique de Paris, *França*

MARENGO Gilfredo
　Pontificio Istituto Giovanni Paolo II per Studi su Matrimonio e Famiglia, *Itália*

MAROTTA Saretta
　Fondazione per le Scienze Religiose Giovanni XXIII, *Itália*

MARQUES Luis Carlos Luz
   Universidade Católica de Pernambuco, *Brasil*

MASSA Mark Stephen
   Boston College, *Estados Unidos da América*

MATAND Jean-Bosco
   Université Catholique du Congo, *República Democrática do Congo*

MELENDEZ Luis Gustavo
   Universitat Pompeu Fabra, *Espanha*

MELLONI Alberto
   Fondazione per le Scienze Religiose Giovanni XXIII, *Itália*

MENDONCA José Tolentino
   Universidade Católica Portuguesa, *Portugal*

MENDOZA ALVAREZ Carlos
   Universidad Iberoamericana Ciudad de México, *México*

MESSINA Jean-Paul
   Université Catholique d'Afrique Centrale, *Camarões*

MMASSI Gabriel E. Alois
   Pontificia Università Gregoriana, *Itália*

MUNDELE NGENGI Albert
   The Catholic University of Eastern Africa, *Quênia*

NOCETI Serena
   Facoltà Teologica dell'Italia Centrale, *Itália*

PARAPPALLY Jacob
   Institute of Mission-Oriented & Contextual Theology, *Índia*

PALACIO LARRAURI Carlos
   Faculdade Jesuíta de Filosofia e Teologia, *Brasil*

PESCE Francesco
   Istituto Superiore di Scienze Religiose di Treviso-Vittorio Veneto, *Itália*

POLANCO Rodrigo
   Pontificia Universidad Católica de Chile, *Chile*

POUCOUTA Paulin
   Institut Catholique de Yaoundé, *Camarões*

POZHALIPARAMBIL Anthony Baby
   CHF Sisters Shantidhara Province, *Índia*

PULIKKAN Paul
   University of Calicut, *Índia*

QUISINSKY Michael
   Université de Fribourg, *Suíça*

REUS CANALS Manuel
   Universidad de Deusto, *Espanha*

RUGGIERI Giuseppe
   Fondazione per le Scienze Religiose Giovanni XXIII, *Itália*

RUSH Ormond
  Australian Catholic University, *Austrália*

SANDER Hans-Joachim
  Universität Salzburg, *Áustria*

SANTEDI Leonard Kinkupu
  Université Catholique du Congo, *República Democrática do Congo*

SCATENA Silvia
  Université Catholique de Louvain, *Bélgica*

SCHELKENS Karim
  Tilburg University, *Holanda*; KU Leuven, *Bélgica*

SCHICKENDANTZ Carlos
  Universidad Alberto Hurtado, *Chile*

SCHMIEDL Joachim
  Philosophisch-Theologische Hochschule Vallendar, *Alemanha*

SENDREZ David Sébastien
  Collège des Bernardins, *França*

SEQUERI Pierangelo
  Facoltà Teologica dell'Italia Settentrionale, *Itália*

SERVITJE Lucila
  Instituto de Formación Teológica Intercongregacional de México, *México*

SILVESTRINI ADÃO Francys
  Centre Sèvres-Facultés Jésuites de Paris, *França*

SUERMANN Harald
  Rheinischen Friedrich--Wilhelms-Universität, *Alemanha*

TORRES QUEIRUGA Andrés
  Universidad Santiago de Compostela, *Espanha*

UNZUETA ZAMALLOA Angel María
  Facultad de Teología – Vitoria-Gasteiz, *Espanha*

VALIENTE O. Ernesto
  Boston College, *Estados Unidos da América*

VICINI Andrea
  Boston College, *Estados Unidos da América*

WAYMEL Dominique
  Institut Catholique de Paris, *França*

WIJLENS Myriam
  Universität Erfurt, *Alemanha*

WITTE Henk
  Tilburg University, *Holanda*

Membros das comissões preparatórias do colóquio

Comissão 1: *Vaticano II: que inspiração para hoje?*

QUISINSKY Michael (presidente)
Université de Fribourg, *Suíça*

MASSA Mark Stephen (vice-presidente)
Boston College, *Estados Unidos da América*

SILVESTRINI ADÃO Francys (secretário)
Centre Sèvres-Facultés Jésuites de Paris, *França*

BEOZZO José Oscar
Centro Ecumênico de Serviços à Evangelização e Educação Popular, *Brasil*

DY Oliver
KU Leuven, *Bélgica*

MESSINA Jean-Paul
Université Catholique d'Afrique Centrale, *Camarões*

SEQUERI Pierangelo (primeiro replicador do texto redigido pela Comissão, por ocasião do Colóquio)
Facoltà Teologica dell'Italia Settentrionale, *Itália*

Comissão 2: *Designar o momento presente*

SCHICKENDANTZ Carlos (presidente)
Universidad Alberto Hurtado, *Chile*

DENIS Philippe (vice-presidente)
University of KwaZulu-Natal, *África do Sul*

FLICHY Odile (secretário)
Centre Sèvres-Facultés Jésuites de Paris, *França*

APPEL Kurt
Universität Wien, *Áustria*

CLIFFORD Catherine Elizabeth
Saint-Paul University, *Canadá*

BINGEMER Maria Clara Lucchetti (primeiro replicador do texto redigido pela Comissão, por ocasião do Colóquio)
Pontifícia Universidade Católica do Rio de Janeiro, *Brasil*

Comissão 3: *O encontro do Evangelho e da Igreja com o mundo e as culturas*

KIM Agnès (presidente)
 Centre Sèvres-Facultés Jésuites de Paris, *França*

MENDOZA ALVAREZ Carlos (vice-presidente)
 Universidad Iberoamericana Ciudad de México, *México*

DESTORS Jean-Michel (secretário)
 Institut Catholique de Paris, *França*

BODO Jean-Marie
 Université Catholique d'Afrique Centrale, *Camarões*

IOZZIO Mary Jo
 Boston College, *Estados Unidos da América*

SCATENA Silvia
 Université Catholique de Louvain, *Bélgica*

MENDONCA José Tolentino (primeiro replicador do texto redigido pela Comissão, por ocasião do Colóquio)
 Universidade Católica Portuguesa, *Portugal*

Comissão 4: *Trabalhar na construção de uma cultura de paz*

MATOVINA Timothy (presidente)
 University of Notre Dame, *Estados Unidos da América*

PULIKKAN Paul (vice-presidente)
 University of Calicut, *Índia*

AL AHMAR Antoine (secretário)
 Université Saint-Esprit de Kaslik, *Líbano*

MABUNDU MASAMBA Fidèle
 Université Catholique du Congo, *República Democrática do Congo*

GROODY Daniel
 University of Notre Dame, *Estados Unidos da América*

REUS CANALS Manuel
 Universidad de Deusto, *Espanha*

MUNDELE NGENGI Albert (primeiro replicador do texto redigido pela Comissão, por ocasião do Colóquio)
 The Catholic University of Eastern Africa, *Quênia*

Comissão 5: *O serviço da teologia hoje*

MATAND Jean-Bosco (presidente)
 Université Catholique du Congo,
 República Democrática do Congo

POLANCO Rodrigo (presidente substituto)
 Pontificia Universidad Católica de Chile, *Chile*

DENAUX Adelbert (vice-presidente)
 KU Leuven, *Bélgica*

ARENAS Sandra (secretário)
 Pontificia Universidad Católica de Chile, *Chile*

HACHEM Gaby
 Université Saint-Esprit de Kaslik, *Líbano*

MARQUES Luis Carlos Luz
 Universidade Católica de Pernambuco, *Brasil*

POZHALIPARAMBIL Anthony Baby
 CHF Sisters Shantidhara Province, *Índia*

TORRES QUEIRUGA Andrés (primeiro replicador do texto redigido pela Comissão, por ocasião do Colóquio)
 Universidad Santiago de Compostela, *Espanha*

Comissão da redação da declaração final

CLIFFORD Catherine Elizabeth
 Saint-Paul University, *Canadá*

HÜNERMANN Peter
 Universität Tübingen, *Alemanha*

PESCE Francesco
 Istituto Superiore di Scienze Religiose di Treviso-Vittorio Veneto, *Itália*

POUCOUTA Paulin
 Institut Catholique de Yaoundé, *Camarões*

SERVITJE Lucila
 Instituto de Formación Teológica Intercongregacional de México, *México*

Participantes do pré-colóquio (21-22 de outubro de 2014)

Comité científico e Federação Internacional das Universidades Católicas (FIUC)

FERREIRA OLIVEIRA Pedro Rubens
Presidente da Federação Internacional das Universidades Católicas, *França*

Universidade Católica de Pernambuco, *Brasil*

LAMBERIGTS Mathijs
KU Leuven, *Bélgica*

ROUTHIER Gilles
Université Laval, *Canadá*

THEOBALD Christoph
Centre Sèvres-Facultés Jésuites de Paris, *França*

THIVIERGE Guy-Réal
Diretor do Centro de Coordenação da Pesquisa

Secretário-Geral da Federação Internacional das Universidades Católicas, *França*

Representantes convidados dos coordenadores de equipes internacionais

AL AHMAR Antoine
Université Saint-Esprit de Kaslik, *Líbano*

IOZZIO Marie Jo
Boston College, *Estados Unidos da América*

KIM Agnès
Centre Sèvres-Facultés Jésuites de Paris, *França*

MATAND Jean-Bosco
Université Catholique du Congo, *República Democrática do Congo*

MATOVINA Timothy
University of Notre Dame, *Estados Unidos da América*

MENDOZA ALVAREZ Carlos
Universidad Iberoamericana Ciudad de México, *México*

MESSINA Jean-Paul
Université Catholique d'Afrique Centrale, *Camarões*

PULIKKAN Paul
University of Calicut, *Índia*

QUISINSKY Michael
Université de Fribourg, *Suíça*

SCHICKENDANTZ Carlos
Universidad Alberto Hurtado, *Chile*

Reitores das três faculdades de teologia católica de Paris

DE LONGEAUX Jacques
   Collège des Bernardins, *França*

GRIEU Étienne
   Centre Sèvres-Facultés Jésuites de Paris, *França*

VILLEMIN Laurent (representante de Thierry-Marie COUREAU)
   Institut Catholique de Paris, *França*

Comitê diretivo

ALOM Montserrat
   Responsável de Projetos do Centro de Coordenação da Pesquisa da FIUC, *França*

LE CHEVALIER, Valérie
   Centre Sèvres-Facultés Jésuites de Paris, *França*

Encarregados de sínteses

BOSSCHAERT Dries
   KU Leuven, *Bélgica*

CHAUTY Erwan
   Centre Sèvres-Facultés Jésuites de Paris, *França*

DESTORS Jean-Michel
   Institut Catholique de Paris, *França*

FLICHY Odile
   Centre Sèvres-Facultés Jésuites de Paris, *França*

PEDROSO Anderson
   Centre Sèvres-Facultés Jésuites de Paris, *França*

Membros das equipes internacionais que participaram das partilhas precedendo o pré-colóquio (janeiro a outubro de 2014)

ABI AAD Randa
Université Saint-Esprit de Kaslik, *Líbano*

ABRAHAMS Mervyn
Pietermaritzburg Agency for Community and Social Action, *África do Sul*

AL AHMAR Antoine
Université Saint-Esprit de Kaslik, *Líbano*

AMENGUAL Gabriel
Universidad de las Islas Baleares, *Espanha*

AMHERDT François-Xavier
Université de Fribourg, *Suíça*

APPEL Kurt
Universität Wien, *Áustria*

ARENAS Sandra
Pontificia Universidad Católica de Chile, *Chile*

ASIS Michael
Ateneo de Manila University, *Filipinas*

AZMITIA Oscar
Universidad de la Salle, *Costa Rica*

AZCUY Virginia
Pontificia Universidad Católica de Chile, *Chile*

BAIK WOON-CHUL Stéphane
Catholic University of Korea, *Coreia do Sul*

BERRIOS Fernando
Pontificia Universidad Católica de Chile, *Chile*

BEOZZO José Oscar
Centro Ecumênico de Serviços à Evangelização e Educação Popular, *Brasil*

BEYAMA BEYAMA Abdon
Lycée de Nsam-Efoulan, *Camarões*

BODO Jean-Marie
Université Catholique d'Afrique Centrale, *Camarões*

BORRAS Alphonse
Université Catholique de Louvain, *Bélgica*

BRESSAN Luca
Facoltà Teologica dell'Italia Settentrionale, *Itália*

BURIGANA Riccardo
Pontificia Università Antonianum, *Itália*

CASALE Carlos
    Pontificia Universidad Católica de Chile, *Chile*

CASARELLA Peter
    University of Notre Dame, *Estados Unidos da América*

COPPE CALDEIRA Rodrigo
    Pontifícia Universidade Católica de Minas Gerais, *Brasil*

COSTADOAT Jorge
    Pontificia Universidad Católica de Chile, *Chile*

COZZI Alberto
    Facoltà Teologica dell'Italia Settentrionale, *Itália*

DE CASTRO Antonio F. B.
    Ateneo de Manila University, *Filipinas*

DE MEY Peter
    KU Leuven, *Bélgica*

DEIBL Jakob Helmut
    Universität Wien, *Áustria*

DENAUX Adelbert
    KU Leuven, *Bélgica*

DENIS Philippe
    University of KwaZulu-Natal, *África do Sul*

DY Oliver
    KU Leuven, *Bélgica*

EGAN Anthony
    University of Pretoria, *África do Sul*

ELIZONDO Virgil
    University of Notre Dame, *Estados Unidos da América*

ELZO IMAZ Francisco Javier
    Universidad de Deusto, *Espanha*

EPIS Massimo
    Facoltà Teologica dell'Italia Settentrionale, *Itália*

FATTORI Maria Teresa
    Università degli Studi di Modena e Reggio Emilia, *Itália*

FEDOU Michel
    Centre Sèvres-Facultés Jésuites de Paris, *França*

FILAKOTA Richard
    Université Catholique d'Afrique Centrale, *Camarões*

FLEYFEL Antoine
    Université Catholique de Lille, *França*

FLORES Albert
    Ateneo de Manila University, *Filipinas*

GARCIA Diego
    Universidad Alberto Hurtado, *Chile*

GONZALEZ Dennis
    Ateneo de Manila University, *Filipinas*

Participantes do processo de discussão

GROVE Kevin G.
University of Cambridge, *Reino Unido*

GUANZINI Isabella
Universität Wien, *Áustria*

GUNDANI Paul
University of South Africa, *África do Sul*

HACHEM Gaby
Université Saint-Esprit de Kaslik, *Líbano*

HELLEMANS Staf
Tilburg University, *Holanda*

HILBERATH Bernd-Jochen
Universität Tübingen, *Alemanha*

HÜNERMANN Peter
Universität Tübingen, *Alemanha*

IEEMING PAULUS-PETRUS Chang
Fu Jen Catholic University, *Taiwan*

IOZZIO Mary Jo
Boston College, *Estados Unidos da América*

KABONGO N'KISHI Pierre
Université Catholique du Congo, *República Democrática do Congo*

KEARNEY Paddy
Denis Hurley Centre, *África do Sul*

KIM Agnès
Centre Sèvres-Facultés Jésuites de Paris, *França*

KUCZORA Matt
University of Notre Dame, *Estados Unidos da América*

KWAK JIN-SANG Germain
Suwon Catholic University, *Coreia do Sul*

LAMBINO Patricia Panganiban
Ateneo de Manila University, *Filipinas*

LAMPE Armando
Democratic Network, *Aruba*

LEGORRETA ZEPEDA José de Jesús
Universidad Iberoamericana Ciudad de México, *México*

LIBAMBU MUASU Michel Willy
Université Catholique du Congo, *República Democrática do Congo*

LONEMA Fabien
The Catholic University of Eastern Africa, *Quênia*

LOPEZ VIGIL José
Revista *Envío*, *Nicarágua*

LOPEZ VIGIL María
Revista *Envío*, *Nicarágua*

MABUNDU MASAMBA Fidèle
Université Catholique du Congo, *República Democrática do Congo*

MAFFEIS Angelo
 Facoltà Teologica dell'Italia Settentrionale, *Itália*

MARQUES Luis Carlos Luz
 Universidade Católica de Pernambuco, *Brasil*

MATOVINA Timothy
 University of Notre Dame, *Estados Unidos da América*

MARENGO Gilfredo
 Pontificio Istituto Giovanni Paolo II per Studi su Matrimonio e Famiglia, *Itália*

MASRI Pierre
 Pontificio Istituto di Studi Arabi e d'Islamistica, *Itália*

MASSA Mark Stephen
 Boston College, *Estados Unidos da América*

MATAND Jean-Bosco
 Université Catholique du Congo, *República Democrática do Congo*

MELENDEZ Luis Gustavo
 Universidad Iberoamericana Ciudad de México, *México*

MELLONI Alberto
 Fondazione per le Scienze Religiose Giovanni XXIII, *Itália*

MENDOZA-ALVAREZ Carlos
 Universidad Iberoamericana Ciudad de México, *México*

MESSINA Jean-Paul
 Université Catholique d'Afrique Centrale, *Camarões*

MIKHAEL Antoine
 Université Saint-Esprit de Kaslik, *Líbano*

NERI Marcello
 Europa-Universität Flensburg, *Alemanha*

NOLAN Albert
 Dominican Order of South Africa, *África do Sul*

O'MALLEY John W.
 Georgetown University, *Estados Unidos da América*

OVIEDO Lluis
 Pontificia Universitas Antonianum, *Itália*

POZHALIPARAMBIL Anthony Baby
 CHF Sisters Shantidhara Province, *Índia*

PULIKKAN Paul
 University of Calicut, *Índia*

QUISINSKY Michael
 Université de Fribourg, *Suíça*

RAHNER Johanna
 Universität Tübingen, *Alemanha*

REALI Nicola
 Pontificia Università Lateranense, *Itália*

REUS CANALS Manuel
Universidad de Deusto, *Espanha*

RICHI ALBERTI Gabriel
Universidad Eclesiástica San Dámaso, *Espanha*

ROBLES Amando
Centro Dominico de Investigación, *Costa Rica*

ROJAS SALAZAR Marilú
Universidad Iberoamericana Ciudad de México, *México*

RUGGIERI Giuseppe
Fondazione per le Scienze Religiose Giovanni XXIII, *Itália*

SCHELKENS Karim
Tilburg University, *Holanda*; KU Leuven, *Bélgica*

SCHIAVO Luigi
Universidad de la Salle, *Costa Rica*

SCHICKENDANTZ Carlos
Universidad Alberto Hurtado, *Chile*

SCHMIEDL Joachim
Philosophisch-Theologische Hochschule Vallendar, *Alemanha*

SHETH Noel
Jnana-Deepa Vidyapeeth: Pontifical Institute of Philosophy and Religion, *Índia*

SILVA Eduardo
Universidad Alberto Hurtado, *Chile*

THEOBALD Christoph
Centre Sèvres-Facultés Jésuites de Paris, *França*

TORRES QUEIRUGA Andrés
Universidad Santiago de Compostela, *Espanha*

VALIENTE Ernesto O.
Boston College, *Estados Unidos da América*

VENTURA CAMPUSANO Tirsa
Universidad de la Salle, *Costa Rica*

VICINI Andrea
Boston College, *Estados Unidos da América*

VIDE RODRIGUEZ Vicente
Universidad de Deusto, *Espanha*

VILLAMAN Marcos
Instituto Global de Altos Estudios en Ciencias Sociales, *República Dominicana*

VILLEMIN Laurent
Institut Catholique de Paris, *França*

VIGIL José María
Servicios *Koinonía*, *Panamá*

WITTE Henk
Tilburg University, *Holanda*

YANEZ Samuel
Universidad Alberto Hurtado, *Chile*

Organização

Comitê científico

FERREIRA OLIVEIRA Pedro Rubens
Presidente da Federação Internacional das Universidades Católicas, *França*

Universidade Católica de Pernambuco, *Brasil*

BOSSCHAERT Dries
(assistente científico do projeto)
KU Leuven, *Bélgica*

LAMBERIGTS Mathijs
KU Leuven, *Bélgica*

ROUTHIER Gilles
Université Laval, *Canadá*

THEOBALD Christoph
Centre Sèvres-Facultés Jésuites de Paris, *França*

Comitê diretivo

ALOM Montserrat
Responsável pelos Projetos do Centro de Coordenação da Pesquisa da Federação Internacional das Universidades Católicas, *França*

CHAUTY Erwan
Centre Sèvres-Facultés Jésuites de Paris, *França*

D'SOUZA Barnabe
Secretário-geral adjunto da Federação Internacional das Universidades Católicas, *França*

LE CHEVALIER, Valérie
Revista *Recherche de science religieuse*, *França*

MARINIERE Manon
Coordenadora de Projeto da Federação Internacional das Universidades Católicas, *França*

PEDROSO Anderson
Centre Sèvres-Facultés Jésuites de Paris, *França*

ROCHE Loïc
Responsável pela Comunicação da Federação Internacional das Universidades Católicas, *França*

SILVESTRINI ADÃO Francys
Centre Sèvres-Facultés Jésuites de Paris, *França*

Federação Internacional das Universidades Católicas, *França*

TAN Philippe
　Assistente de gestão da Federação Internacional das Universidades Católicas, *França*

THIVIERGE Guy-Réal
　Secretário-geral da Federação Internacional das Universidades Católicas, *França*

　Diretor do Centro de Coordenação de Pesquisa

VERGIER Nicolas
　Assistente de pesquisa da Federação Internacional das Universidades Católicas, *França*

SUMÁRIO

Introdução – Motivos, espírito e história do projeto.................................... 5

Abreviaturas.. 17

Capítulo I – Vaticano II: que inspiração para hoje?..................................... 19

Capítulo II – Discernir os sinais dos tempos.. 53

Capítulo III – A unidade e a diversidade no encontro do Evangelho e da Igreja com o mundo e as culturas... 83

Capítulo IV – Trabalhar na construção de uma cultura de paz.................. 103

Capítulo V – O serviço da teologia hoje.. 123

Conclusão – 50 anos após o Vaticano II: teólogos e teólogas de todo o mundo discutem o futuro da fé.. 151

Participantes do processo de discussão.. 157

Impresso na gráfica da
Pia Sociedade Filhas de São Paulo
Via Raposo Tavares, km 19,145
05577-300 - São Paulo, SP - Brasil - 2017